人生には「まさか」の坂がある

安里賢次
Kenji Asato

二見書房

編集協力　尹雄大
イラストレーション　中村隆
ブックデザイン　ヤマシタツトム
DTPオペレーション　横川浩之

序章

「俺」について

窮鼠猫を噛む。
人間、「よし」と気持ちを決めたら強くなれる

中学を卒業後、生まれ育った沖縄から集団就職で千葉県にやってきた。地元の靴工場で働きはじめたんだが、そこで待っていたのは壮絶ないじめだった。その頃の俺は身長も百四十八センチと低く、弱そうに見えたので目をつけられたのだろう。毎日意味なく殴られていたから食事もまともにできなかった。たとえ夕食のメニューが大好きなカレーでも腹いっぱい食べることはできなかった。満腹になればあとがつらい。腹を殴られて戻すはめになるのがわかっていたから。

仕事中もいじめはあった。ベルトコンベアをはさんで、ふたりが向き合ってボンドで靴底のゴムをはりつける。向かいに座っているのが俺をいじめていたやつだった。俺はわりと手先は器用で作業はすぐ覚えられた。でも、そいつは不器用でいつも遅れがちだった。流れ作業だからひとりでも遅れると、合図をしてベルトコンベアをとめなくてはならない。そいつは自分の遅れを必ず俺のせいにした。工場長は「またおま

えか。とろいやつだな。何度やったら覚えられるんだ」と怒鳴った。

そいつはほくそ笑みながら、ボンドをわざとはねさせて俺の顔にかけるなど、目立たないが執拗ないじめを繰り返していた。それが半年続いた。

ある日、「百ぺんまわって俺の股ぐらをくぐってからワンと言え」と命令された。さすがに「それはできない」と抵抗したら、いつもより激しく殴られ、ボコボコにされた。そいつが立ち去ったあと、俺に残ったのは「本当に疲れた」という思いだけだった。俺はもういじめられること、被害者の立場に居つづけることに疲れた。

「疲れた」と口にしたとたん、「もう一方的に殴られるような卑屈な生き方はやめにしよう」と思った。そして、「よし、あいつを殺そう」と肚《はら》が決まった。次の日、昼休みのあいだに果物ナイフを近くの店に買いにいった。

「このあとやってやろう」と思っていたから、ご飯を二杯食べた。すると、そいつは「おまえ、今日はよく食べるな。あとでどうなるかわかっているか?」と言う。だから「今日も俺を殴るのか?」と聞いた。それまで言い返すことなどなかった。俺の雰囲気に何か異様なものを感じたのだろう。すると、そいつは「今日は許すよ」と言った。俺はさっきよりも大きな声でこう返した。

「許す？　俺がおまえに何をした。おまえは何を許すのか？」

周囲の人間がこちらを見る。

「おまえ、わざと大きな声出しているな。あとで覚えていろよ」

「あとでなくていい。早く食べろ。いますぐ向こうの部屋にいっしょに行こう」

俺はもううずうずしていた。殺気を感じたのだろう、そいつの目が怯えはじめた。

「俺は行かない」と言い出した。


隣にいた沖縄の同郷の先輩が何を喧嘩しているのかと尋ねてきた。

「喧嘩じゃないよ。早くあっちへ行こうと言っているだけ」

「人が行きたがらないのに、そんなことを言う必要ないだろう」

「いや、いつもこいつに殴られているから、今日はもうやってやろうと思ってるんだが、ビビって動かないんだよ」

「おまえ、本当に殺すのか？」

「うん、いままでのこともあるから殺してやるよ」

やり取りは沖縄の言葉で言っているから周りはわからない。

先輩たちは、「同じ沖縄から来ているのに命の取り合いはするな」と言う。でも、俺にはそういうのはもうどうでもいい。

「おまえ、行かないならここでやるよ」

そう言うと隠していたナイフを向かいに座っているそいつの首めがけて突いた。そばにいた人がとっさに俺を押さえようとしたため、刃先がそれた。

にわかに食堂中が大騒ぎになった。俺は羽交《はが》い絞めにされながら、そいつに向かって「これから俺は寝ないで毎日おまえを狙うからな」と言った。すると、そいつは「許してください」と手をついて謝ったよ。

当然ながら刃物を振り回すような騒動を起こしたから会社にはいられない。俺は沖縄に帰ることにした。

まかり間違えば、人を殺していたかもしれないのだから、あまり誉められた話ではないかもしれない。けれど、この事件以来、俺の中からいじめられることに甘んじるような弱さはなくなった。それまでの自分に欠けていたのは、「よし、これでいく」という気持ちだった。窮鼠猫《きゅうそ》を噛む、だ。追い詰められ、死に物狂いになれば、自分の気持ちや環境を一変させるくらいのパワーがあるんだと思う。

戦いに正道も邪道もない。気を抜いたほうが必ず負ける

沖縄に帰ってきた俺は毎日のようにケンカに明け暮れた。とにかく強くなりたかったのだ。場数を踏めば強くなれるだろうと、背も小さいのに街中でケンカを売り歩いた。結果はと言えば連戦連敗だ。顔を腫らすのはまだいいほうさ。肋《あばら》は折れる。刃物で刺されるといった怪我がつきものになった。

そんな俺を見かね、とうとう母が「どうして毎日ケンカに明け暮れているんだ」と泣きながら尋ねてきた。泣かれては正直に言うほかない。職場でいじめられていたこと、男として強くなりたい気持ちを話した。すると、母は俺の手をひいて叔父のもとへ連れていった。叔父は空手の名人だったが、誰にも教えていなかった。ただ子供の頃から面倒を見てもらっていた母だけには頭があがらない。その母が叔父に事情を話し、「息子はこのままだと殺される。そうならないように空手を教えてやってくれ」と頼んだ。当然、叔父は二つ返事で引き受け、その日から特訓がはじまった。

叔父は体のどこを叩けば一発で倒れるか。決してここだけは突いてはいけないというポイントを教えてくれた。三ヶ月くらい経《た》ったある日、叔父は「そろそろいいだろう」と言うと、俺を遊郭街に連れていった。辺りには見るからに乱暴そうな愚連隊がうろついている。

「いいか、俺がめぼしいやつを連れてくるからな」

叔父はそう言って立ち去った。つまりケンカを売って、対戦するのは俺というわけだ。しばらくして下駄履きのいかにも腕力に自信がありそうな三人を連れてきた。

「まあ、これくらいが手頃だろう。おまえひとりでやるんだぞ」

てっきり叔父が相手すると思っていた連中は気分がいいわけない。

「おい、俺は◯◯流の三段だぞ。そんなガキとやれるか。おまえが相手しろ」

言われるまでもなく、ごつい連中三人を相手にケンカするなんて無理に決まっている。尻込みしていると、叔父は、

「本当にやらないのか？　せっかくの練習相手なのに」

そう言うと道端に座り、「かかってこい」と三人に言った。

叔父は身長百六十センチくらいの小兵だ。それでも立って相手したら、かすりもし

ないからハンデをあげるというわけだ。座った叔父に三人は頭に来たのだろう、「立て」と怒声を浴びせた。しょうがないなと叔父は立ち上がると、瞬く間に三人を倒した。

叔父は三人を立たせると、「気分を悪くさせてすまなかったな。実はこの子を仕込んでいるんだ。おまえさんたちならどうにかできると言っているのに、こいつは度胸がないんだ。鍛え直しだ。とにかく、これで飲み直してくれ」と二十ドルを三人に渡した。いまなら十万くらいの値打ちだ。

「ちょっと待ってください。金はいらないから、座っているあなたに技を試してみたい」と改まった口調でひとりが言った。

すると叔父は座り、「かかってきなさい。後ろからでもいいから」と言った。

次の瞬間、相手の蹴りを全部捌《さば》いて倒してしまった。倒された相手は「あなたはもしかして安謝《あじゃ》の正喜《せいき》兄さんじゃないですか」と尋ねた。

叔父の名は比嘉《ひが》正喜という。表には出てこないが、空手を学ぶ者のあいだでは、名人として密かに知られていたのだ。叔父は弟子をとっていなかった。「俺は誰にも教えない。俺の空手は人を殺《あや》めてしまうからな。だから覚えないほうがいい。ただ、おまえのおふくろには恩があるから教えている。おまえも誰にも教えるな」と言っていた。

叔父の頭の中はいつも空手でいっぱいだった。ひとりのときは見えない相手と戦うように体を動かしていた。

「世の中に見せる空手があふれている。道場での空手は段をもらえるかもしれないし、床の上では戦えるだろう。だが道場の外では何もできないよ。実戦では何が飛んでくるかわからない。戦いに正々堂々はない。何を使ってもいい」

気を抜いて不意を突かれた側が「それは卑怯だ。邪道だ」と文句を言う。だが戦いに正道も邪道もない。

生きるための戦いもそうだ。人生は道場のように守られた環境ではない。負けは相手によってもたらされるのではない。敗因は自分が気を抜いたところにある。

一生をわける出会いを見逃すな。
音楽との出会いが人生の支えになった

空手を習ったおかげでそれからの俺はケンカで負け知らずになった。そうこうするうちに悪いやつらの仲間入りだ。おまけに酒を飲むと性格が一変してしまう。とうとう傷害で前科十三犯になってしまった。

一度、靴工場に就職して以降はまともに定職についたことはなかった。タクシーやトラックの運転手をやっても長続きはしなかった。ふらふら暮らしていた俺だが、たったひとつのめり込んだことがある。それは三線《さんしん》だった。

三線との出会いは、千葉県の工場で働いていたときだ。俺たちの世代にとって三線を弾くなど、超ダサいことだった。なにせエレキギターが流行《はや》っていた時代だ。みんなベンチャーズやビートルズに夢中だったから、三線なんて田舎者のやる楽器だと思っていたのさ。

会社の寮の風呂上がり、夜なよな三線の音が聴こえる。最初は、「三線なんかをもってきたやつがいるんだな」としか思っていなかった。それが「懐かしいな」に変わり、ある夜に耳に届いた調べに涙が出た。それはひめゆり学徒隊が自決するまでを歌った『ひめゆりの唄』だった。歌っている人が上手なのか、聞いている俺が純粋だったのか。

音に誘われて、部屋を探し当てた。すると、その人は『兄弟小節《ちょーでーぐゎーぶし》』を弾いていた。さっきまでとはうって変わって楽しい曲だ。

「出会ったのなら兄弟みたいに付き合おう。何の隔てがあるものか」という内容の唄だ。その唄も胸にしみた。その頃、沖縄人《うちなーんちゅ》は露骨に差別されていた。俺も「日本語、わかるか?」「箸が使えるのか?」などとバカにされたものだ。おおっぴらに差別がまかり通っていた悲しい時代だ。だからこそ『兄弟小節』に心打たれたのだ。

沖縄に戻ってから、俺はなけなしの金で三線を買い、見よう見まねで弾きはじめた。あの感動を味わいたかったのだ。あくまで独学だが、部屋にひきこもって寝食を忘れて取り組んだ。数日後、げっそりした俺を見て家族が驚いた。それくらい夢中になった。

自分が楽しいものだから、こんどは人に聞いてほしくなった。そこで一ドル札を握りしめ、那覇市の辻町《つじまち》にある、とある一軒の民謡クラブへと向かった。

ドアを開けると、店内は何とも言えない雰囲気で、タバコの煙が立ち込めていた。

目をギラつかせた男たちがいっせいに俺のことを睨みつけた。

呆然と立ち尽くしていると、ひとりのホステスが近づいてきた。

「あんた、何しにきたの？」

「飲みにきた」

俺がそう答えると、

「ここは子供の来るところじゃないよ。悪いことは言わないから帰りなさい」

ホステスが帰らせようとする。

だが、それを見ていたカウンターに座っている経営者らしき男性（以下、おじさん）が、

「お客さんだから入れてあげなさい」

と言ってくれたので、店に入ることができた。

俺はそのおじさんの隣に座った。

「なぜ、ここに来たのか?」

とおじさんが訊いてきたので、俺は、

「この店で民謡が聴けると思ったから」

そう答えた。

「君は三線が弾けるのか?」

「『鳩間節《はとまぶし》』が弾ける」

「『鳩間節』? 簡単な曲ではないな。誰かに教えてもらったのか?」

俺はとっさに部屋に引きこもっていたときに聴いていたレコードのジャケットにあった名前である「登川誠仁《のぼりかわせいじん》」から習ったと答えてしまった。

おじさんは訝しげな顔で「登川誠仁?」と言った。もちろん、俺は登川誠仁なんて見たことも会ったこともない。レコード店でたまたま流れていた『鳩間節』にいたく感動して、そのレコードを手に入れた。その演奏者が登川誠仁だっただけなのだ。

店はやがてステージの時間になった。すると、おじさんがおもむろに立ち上がり、ステージに上がった。

「本日はカウンターに登川誠仁のお弟子さんが見えておりますので、『鳩間節』を一曲弾いていただきましょう。それでは、どうぞ！」

おじさんは藪から棒にそんなことを言い出し、演奏をはじめた。俺はさすがに緊張してドキドキしながらステージに上がった。

俺が歌いはじめると、おじさんの手が止まった。間違えたのかと思い、いったん弾くのをやめた。

「間違えてますか？」

恐るおそる訊くと、おじさんは、

「大当たり！　そのまま続けて」

と言った。俺はそのままおじさんといっしょに最後まで弾いた。

演奏が終わって、俺はステージを降り、カウンターに戻った。するとテーブルには注文した憶えのないビールが何十本も置かれていた。俺はびっくりしてボーイに訊くと、「みんなからのチップだ」と言う。

そのときステージにいるおじさんがこう言って再び演奏をはじめた。

「登川誠仁の弟子が上手いのか、私のほうが上手いのか。では、聴いてください」

俺は鳥肌が立った。なぜなら、俺が聴きこんだ、あのレコードの『鳩間節』そのものが流れてきたからだ。俺は思わずつぶやいた。

「あの人の名前は？」

ボーイは笑いながら答えた。

「お前、知らなかったのか？　あの人が登川誠仁だよ」

俺は愕然として身体が固まってしまった。

ステージが終わり、おじさんは隣に座った。唐突に、

「お前は今日から私の弟子だ」

と言ってくれた。

それが俺と登川誠仁先生の出会いである。そのときは、唄者として生きていけたらなと思っていた。

ところが、そのときの俺は片足を悪の世界に突っ込みはじめていた。ケンカに明け暮れ、酒を飲み、仕事もせず無頼に生きていた。

そんな生き方が本当に楽しかったかというと、そうではなかった。ただ、そのときの俺には世間での自分のおさまりどころがわからなかった。唄者として生きたい思いはあったものの、どうもそうさせないわだかまりが胸の奥にあったのだ。それは、こ

の世には俺の役割というものが確かにあるはずなのに、それが見つけられていないという思いだった。

ふらふらと暮らし、三十歳を過ぎてから俺はスカウトされ、アウトローの道に入った。遅咲きだったもののあっという間にのし上がったが、四十歳で足を洗った。そしていまは店のステージで毎日歌っている。唄者として生きているわけだ。

十代で三線に出会い、一度は「これで生きていきたい」と思った。だから他人にはアウトローの世界に入ったのは、回り道をしたように見えるだろう。

でも、俺にとってはそれも必要な選択だったのだろう。むしろドロップアウトしていなかったら、いまのように「人のために何かやりたい」と強く思う自分になれなかったかもしれない。いろいろ巡って、結局三線に戻ってきたのも何やら運命的でおもしろい。

『ひめゆりの唄』に涙し、『兄弟小節』の明るい歌に「確かにそうだ」と感じた。見向きもしなかった三線のはずだった。それがふと耳にした体験が俺の原点になっている。

そう考えると、誰しも人知れず人生を左右する何かと出会っているのではないかと思う。見落としていたり、人から「向いていない」とか「やったところで能力がないから」と諦めてしまったりしているような中に、あんがい自分の根本を支えるようなものがあるんじゃないか。

不良にはなっても
不良品にはなるな

俺は積極的にアウトローになろうと思ったわけじゃない。なりたいと思ったこともない。自分に向いているものが何かわからなくて、ずっとさまよいつづけていた。家族もできて、この先どうしたものかと思っていたとき、たまたま拾ってくれた人がいたから、その人のために働いた。

不良の世界は世間が言うほどドラマティックではない。『サラリーマン金太郎』みたいなところはあるかもしれないが。

その頃を思い返しても、俺には悪いことをした覚えがまったくない。俺がしたのはむしろ人助けだと思っている。自己弁護に聞こえるかもしれないが。

でも、世の中には理不尽なことはたくさんあるだろう。必ずしも法律が味方をしてくれない。そういうときにどうする？　ときに法律をこえても守らなきゃいけない筋ってものがあるんじゃないか。

たとえば自己破産しておきながら、家も車も離婚した妻の名義にして、のうのうと暮らしているやつがいる。下請けの会社は明日にも首をくくらなくてはいけない状況に追い込まれているというのに、法律上は何の問題もないわけだ。それはやっぱりおかしいだろう。

そいつが筋違いのことをしているのは誰の目から見ても明らかなわけだ。そういうときに、困っている人が「力を貸してほしい」と頼んできたら受けるのは人間として当然だ。俺はそう思う。

アウトロー時代、多少の荒っぽいことはした。けれども本当に非道《ひど》い悪事に手を染める考えは毛頭なかった。それは子供の頃から母に言われていた「不良にはなっても不良品にはなるな」がずっと心の中で響いていたからだと思う。

昔は不良だったが、いまはいい父親になっているみたいなパターンはけっこう目にするだろう。人生のある時期にはみ出してしまったとしても、不良ならばいずれ収まるべきところに収まる。でも不良品は違う。存在すること自体で、周囲にも悪影響を及ぼしつづける。たとえばエンジンの部品が不良品だと調子が上がらないならまだマシで、だいたいはエンジン自体が壊れてしまったりする。

不良だった俺だから言うけれど、決して周りの人をむちゃくちゃにするような不良品になってはいけない。それは自分も他人も不幸にするよ。不良である限りは、いつだってやり直しは効く。それは俺が証明している。

第一章　生きることについて

人生には「まさか」という坂がある。
上り坂もあれば、下り坂もある。

「いったん敷居をまたいで家の外に出れば、七人の敵がいる」ということわざがあるけれど、俺の場合は外に出たら「七人の味方」しかいない。近づいてくる人間の中に、一見すると味方の顔をしているやつがいたとしても、ひょっとしたらそいつは裏切るかもしれないからね。

まあ、これはあくまで俺の経験から言っていることだけど。

でも、世間の人はけっこう簡単に「あの人を信用している」とよく言っているよ。絶体絶命のピンチに陥ったときにどうなるかなんて誰にもわかりはしないのに。

いざとなれば、やっぱり我が身がかわいくなってしまうもの。「まさか自分があんなことをするなんて思いもしなかった」と予想外のことだってしかねない。そういう顔をもつのが人間さ。ずるいところや卑怯なところもいっぱいもっている。

だからこう思っておいたほうがいいんじゃないか。

信用はあくまで勝手な期待。

たとえ相手が彼氏や旦那、女房でも同じ。結局、自分自身しか頼れないよ。

これを聞いた人は「人を信用しないなんて寂しい人生だ」と思うだろうな。だけど俺は「とにかく人を疑え」と言っているんじゃないよ。

勝手に期待しておいて、あとで「裏切られた」とがっかりする。そのうえ相手を憎んだりする。そのほうがよほど身勝手な話じゃないか？　そういう人は自分の力で生きることを忘れている。そう言いたいんだ。俺は会社だとか学歴だとかに頼れない生き方をしてきた。どんなピンチに陥ったとしても、とにかく自分で何とかするしかなかった。だからわかったことがある。とても単純なことだ。人生、何が起きるかわからないということさ。

昨日まで上向きで調子よかった会社だっていつまで続くかわからない。夫婦の関係もいまは仲良くても、いつどうなるかなんてわからない。

予想外の幸運も不運もすべて「まさか」の思いもよらないことだよ。上り坂で勢いがあるとき、調子に乗って我を忘れるか。下り坂になって慌ててしまうのか。「まさか」のときに他人を安易に信頼していたら、自

分を見失ってしまう。

ふだんから他人ではなく自分をしっかり頼っているかどうか。この一点に人生はかかっているよ。

悲しむより
羨ましいと思えば楽になる。

ある日、知り合いが「妻が癌でもう長くない。もってあと一年だ」と涙ながらに話しはじめた。いきなりのことで驚いた。聞けば突然、医師の宣告があって、それに打ちのめされたという。彼自身が生きる希望をすっかり失ってしまっていて、まったく気力のない状態だった。

奥さんのために看病したくても、会社では重要な役職についているから仕事もすぐに辞められない。「どうすればいいんだろう」と、ひたすら嘆き悲しんでいる。

そこで俺はこう言った。

「それくらい悩むならおまえも死んだらどうだ。それならいまの苦しみは消えるだろう。いっしょに黄泉《よみ》の国に行けるなんていいじゃないか」

すると彼はそれまで俯いていたのに、ハッとして顔を上げた。そこで俺は続けて「一年後には死ぬとわかっているのなら、やることがいろいろあるはずじゃないか。泣いている場合じゃないだろう。それに交通事故や波にのまれ、自分が死んだこともわからないままの人に比べたらずいぶんいいじゃないか」と話した。

誰しも自分や身近な人が「まさか死ぬ」とは思っていない。けれども生まれたときから「いずれ死ぬ」とわかっている。等しくみんな行く道だ。

別れは悲しい。それは嘘ではないよ。だったら「先に楽な世界に行くんだな。羨ましいな」と思えばいい。そうしたら、自分の感じた悲しみで我を失うことはなくなるかもしれない。少なくとも残された時間を泣き暮らしてすごさないだろうし、本当に相手のためになることに使うだろう。

人が死ぬとは、苦しみを離れ、楽な世界に旅立つこと。

そう考えれば、自分がその人のために悔いなくできることを見つけられるはず。それは互いが見つめ合える、かけがえのない時間になるはずだよ。

苦しければ逃げればいい。
恥ずかしかったら逃げればいい。

「起きて半畳、寝て一畳、大飯食らって五合半」と世間では言う。ほんの少しのスペースと米さえあれば、とくべつ金はなくても生きられる、というわけだ。

それなのに金がない。生活が苦しいと自殺をしてしまう人のなんと多いことか。生活苦から逃げられない。だけど人に頼るのは恥ずかしい。それなら生活保護を利用すればいいのだが、それでも死ぬほうを選んでしまう。

人に頼ることができないのは、つまりはいまの自分を恥ずかしいと思うからだろう？　そんなこと言っていられない状況なのに、人の目を気にするからだろう？　本当に切羽詰まったのなら、四の五の言わず空き缶やビンを回収して生きていくこともできるはずだ。でも、それができないのは、「自分を知っている人が多いから、ここではできない」と思うからだ。だったら誰も自分を知らない町に行けばいいじゃないか。

そしたら**何の腹の足しにもならないプライドはかなぐり捨てて、生計を立てることに必死になれ**

るよ。

まったく別の人生を生きられる。

他人事《ひとごと》だからそんなことが言えるんだと思うかもしれない。でも、俺にもそういう経験があるんだ。

子供が生まれたばかりの頃の話さ。トイレットペーパーも買えないくらい金に困った。あまりに情けなくて、女房に「どうか離婚してくれ」と頭を下げたくらい貧乏だった。金はほしい。けれども俺を知っている連中の多い沖縄ではどうも開き直れなかった。プライドが大事か、女房子供が大事か？　もちろん答えは決まっている。

これ以上、ここにいたら自分のプライドのせいで女房や赤ん坊にも迷惑をかけてしまう。だから県外に出た。そして、自分のことを誰も知らない土地でもう一度再起をかけてチャレンジした。

その結果、言えることがひとつある。それは苦しければ、恥ずかしかったら、とにかく逃げてみることだ。そうしたら次の展開が見えてくるよ。

見栄を張る必要はない。
でも格好はつけないといけない。

見栄と格好は違うよ。それがわからないやつが増えているね。見栄を張るのはしょせんは見てくれだ。メッキだから、いざとなるとはげてしまう。強がって見せても、それが演技なら、いざとなると怯えてぶるぶる震えるものさ。

格好はそういう外見の話ではないし、むしろ姿形はどうでもいい。その人「らしく」生きること。これが格好よさにつながっていく。

誰だって自分らしくありのままで生きたいと思っているはずだろう？　それなら格好の悪い生き方をしないでおこうよ。

それに見栄がみっともないのは、必ず嘘が混じるからだ。根っこに「人からよく見られたい」という思いがあるから嘘をつくのさ。

格好をつけるのは、自分のため。**人がどう思うかなどかまわず、素直に好きなものは好きだと言う。やりたいことをやる。**それが「その人らしく」生きることだ。そこには嘘がない。だから格好がいいんだ。

たとえば、本当はすごく女性が好きなのに、「浮気はいけないことだ」とまじめな顔をして我慢しているとする。それはまじめさを演じているだけだからストレスが溜まる。

何も「浮気をしろ」と勧めているのではないよ。ただ自分を偽るのは、あまり魅力的ではないということだ。好きなら好きと正直に言えばいい。もちろん、そのあと、バレてしまったときのけじめは自分でつけなきゃいけないけどね。それでいつも俺は女房に平謝りだ。

何をしても恥ずかしいことなどない。そう思えば心はいつも外に向けて開かれる。そうなるとこだわりなく、物事を受け入れられる。それが格好のよさにつながっていくんだと思う。

清く正しい世の中ほど
つまらぬものはない。
そんな世界では、
くだらない人生を送ることになる。

マスコミでときどき役人の天下りが叩かれる。すると世間一般の人も「許せない」と声をあげることがある。そういう盛り上がりを見ると、「世の中は清く正しくあるべきだ」と思っている人が増えているんだろうってことはわかるよ。俺は天下りがいいか悪いかよりも、「清く正しくあるべきだ」というものの見方はつまらないと感じる。

たとえば警察官だ。人に嫌われるような仕事をやってきたのだから、「これくらいは見返りがあってもいいだろう」と役人勤めの最後にそういう期待をしてもおかしくはないだろう。人の心理を考えれば、それは否定できないよ。表もあれば裏もあるのが人間だからね。それは警察官だって変わりやしない。

それにしても近頃は、みんなルールどおりに規則正しく生きることがいいことだと思っているんだな。善い悪いでものごとを考えていて息苦しくならないか？　悪いことはとにかく許せないのだとしたら、その次に出てくるのは、「悪いんだから罰しないといけない」という考えだ。世の中を白黒で分けていく。オセロみたいなゲームならそれもいいだろう。でも、人間はそうはいかないよ。

それに善し悪し、白黒で分ける考え方には広がりがないし余裕がないよ。

天下りが善いか悪いかではなく、天下りをいっさい許さない清潔な世の中になったとしたら、それは表も裏もグレーも消えてしまった、くだらない人生を送ることしか残されていないんじゃないか。自分の人生がそういう味気のない、つまらないものだとしたら、おもしろくないと思わないか？

だからふだんから善悪で考えがちな人に言いたい。くだらないうえに窮屈な世の中をそんなにも生きたいですか？と。俺は楽に生きたいし、そのほうがずっと自由になれると思うんだがな。

がんばりや努力はいらない。
ただ波に乗ればいい。

何事も無理をしないことが大事だ。この歳になってつくづくそう思うよ。若い頃はともかく、やはり還暦を迎えたらそうそう無理はできない。
無理は「理が無い」というくらいだから、体も無理をすると必ずケガをするようにできている。仕事でもそうだろう。早く結果を出そうと無理をしても形にはならないことが多いはずさ。無理から道理は生まれるはずもない。
以前、テレビを見ていたら、平和な世の中を実現するために、私生活をなげうって活動している人を特集していた。それは別に悪くない。
けれども、その人には家族がいたん

だ。本人が理想に向かっているのはいいよ。でも、俺は「家族はそれで幸せなのかい?」と聞いてみたくなったのさ。やっぱり毎日忙しくてご飯もいっしょに食べられない。会話もほとんどない。それならギクシャクして不和になってもおかしくない。理想のために家庭平和がなくなってはしようがないじゃないか。だったら世界のための平和活動なんてやめちまえと思ったよ。

がんばって、努力して、疲れをものともせずにひたすら目標に向かう。それで身近な平和が成り立たないなら、それは無駄に力を入れて無理がたたった結果じゃないのかと。

心も体もそんなには強くはないものだよ。無理をするよりももっと流れを感じて波に乗ることを心がけたほうがいいんじゃないか。

波というのは何かと言えば、人の助けや運のことさ。

やっぱり、それがなければ人は生きられないもの。流れを見つければ、いわゆるトントン拍子だ。自分ひとりでがんばるよりも、無理がないから早く結果を出せるものさ。

人は誰の世話にもならずに
生きることはできない。

よくサクセスストーリーを語りたがる人がいる。たいていの場合、まるで自分ひとりの力で成功したかのように話をするものだ。それはずいぶん思い上がった考えさ。

実際、誰かの世話になっていなければ、これまで生きてこられなかっただろう。ご飯を食べられるのも、お米をつくってくれた農家がいてこそ。蛇口をひねって水を飲むのも水道管をつくった人がいるからだ。無人島でもない限り、誰もが誰かの力を借りて生きている。そうでなければ誰も生きられやしない。だから本当に成功した人は手柄話を言わずに黙っていることが多いものだ。

俺は田中角栄《たなかかくえい》元総理を尊敬している。いまの若い人は知らないかもしれないが、最終学歴が小学校卒だよ。それで一国の総理大臣になった人だから大したものさ。人気はあったがロッキード事件で一気に悪者になった。あるときレポーターが田中角栄を直撃して、「汚職をしたのですか?」と尋ねたことがある。

それに対し、田中角栄は「どこの放送局なのか。名乗ってから質問しなさい」と言った。相手が局名を答えると、おもむろに「汚職をしていない政治家がいたらここに連れてきなさい。以上」と言って立ち去った。俺はそれを見て「かっこいいな」と心底思ったよ。

田中角栄は自分が世話をした人、また世話になった人についていっさい語らなかった。あの人が一言でもしゃべったら、政治家を辞めなくてはいけない人は膨大な数になっただろう。いまの国会議員はその二世、三世にあたる人も多いけれど、田中角栄が口を閉じていたからこそ議員になれたかもしれない。

これが最終学歴が小学校だった人の生きた知恵だ。**受けた恩を決して裏切らない。**すばらしいね。いまどきの大学卒の小利口な議員なら簡単に口を割ってべらべらしゃべっているだろう。田中角栄は自分ひとりの力で生きてこられはしなかった。それを本当に知っていたのだと思うよ。

人間は何のために生まれたのか
毎日考えろ。

ただご飯を食べ、寝て過ごすなら動物といっしょだ。人が人として生きる限り、人ならではの仕事があるはずさ。仕事といっても会社勤めをするという話ではないよ。誰に言われたわけでもない、人としてやるべき仕事のことだ。

それを考えていくと、「ただ自分だけのために生きない」。これが人らしい、やりがいのある仕事じゃないかと思う。

「誰かのために役に立ちたい」。誰しもそういうふうに思うときがあるだろう。俺が悩み相談や説法をするのも、誰かのために少しでも役に立ちたいからさ。こういう気持ちはどんな悪いやつにだって、ふっと湧くんじゃないかと思う。

俺の場合、母が口癖のように言っていた「生きているだけで害になる人と生きているだけでためになる人がいる。何らかの形で人のためになるような人間になれ。おまえのバカ親父も世のため人のために生きた。だから人間は何のために生まれたのか毎日考えろ」が影響しているんだろうな。

母がバカ親父といった父は名を安里賢勇《あさとけんゆう》という。戦後、父は生まれ育った安謝の街の復興のため、港の整備に尽力し、沖仲仕組合の会長も務めた。気前のいい人で、ふたりもいれば充分な仕事なのに、わざわざ五人も雇ったという。そういうふうにして仕事のない人まで面倒をみようとしていた。

その頃は物資不足で砂糖がまだ手に入りにくかった。港の倉庫に悪ガキが忍び入っては砂糖を盗もうとしたものさ。そういう子供らを見つけると「こら、早く帰れ」と父は怒鳴りながらも、砂糖を投げつけた。警備員が子供らを捕らえようとすると制止し、砂糖を拾わせる時間をわざと与えていたそうだ。そういうこともあって、父はたいへん人望があつかった。

羽振りはよかった時代はやがて終わりを迎えた。沖縄県が泊《とまり》に新しい港をつくることになったからだ。当然ながら働き手が安謝から離れていった。しかし、父は潮の流れからいって「安謝のほうが港に適している」と言い、自分は移ろうとしなかった。実際、のちに安謝に港が再度つくられたので、その考えは間違いではなかった。

泊に新しく港がつくられたあとも父は半年ほど我慢し、従業員七十人に仕事がなくても毎月給料を払っていた。最後まで意地を通し、地域を守ろうとした。

そんな父を母が「バカ親父」と言うのは、力持ちで稼ぎも人望もあったけれど、お酒が好きで、そのうえ子供を母とのあいだに十人、よそで三人もつくりながら、子育てにはいっさい関心がなかったからだ。

それでも親父は世のため人のために生きた。理屈や計算抜きで人のために仕事をする。何のために生まれたかを考えていくと、そこに行き着くような気がする。

酒は飲むもの。
飲まれるような人間にはなるな。
酒の神様に申し訳ない。

生前、父は大酒飲みだった。それが原因で晩年倒れたくらいだから、根っからの酒好きだったのだろう。けれども見境なく飲むようなことは決してしなかった。こんなエピソードがある。

ある雨の日、父のもとで働いていた人が家を訪れた。「入れ入れ」と父は歓迎した。その人は家に上がると「今日は雨が降っているので昼から飲んでいます」と悪びれもせず言った。すると父は表情をがらりと変え、「おまえはバカか。昼から酒を飲む奴がどこにいるか。どれだけ仕事がなかろうが、お天道様のいる間は酒を飲むな。神様への礼儀もあるのだから二度と昼から飲むんじゃない」と叱りつけた。

また、こういうこともあった。いっしょに海岸まで歩いていると、父が不意に海を指さして「見てみろ、あの海」と言う。てっきり「おまえも水平線の向こうを目指すような人間になれ」とか「海のような大きな男になるんだぞ」とでも言うのかと思ったら、「この海の水が酒だったら俺は仕事しなかったかもな」と言った。ずっこけたよ。

それくらい酒が好きな人だった。だからこそ飲むべきときはよくわきまえていたし、「酒を飲んで翌日の仕事を休むなんてだらしのないことをするな」とよく話してもいた。

俺はいまは酒を飲まないが、以前は酒で失敗したこともある。だからこそ思うのは、どんなに苦しくても、憂さを晴らすために酒を飲んではいけない、ということだ。

酒は何でも倍にしてくれる。苦しいときに飲んだら苦しさは倍になる。そうなると人間性が狂う。だから**酒は楽しいときに飲むに限る。楽しみも喜びも膨らむ。**そうすれば酒の神様も喜んでくれるはずだ。

情けは人のためならず、己のため。
いいことをしたら倍返し、
悪いことをしても倍返し。

俺の店にはいろんな人が来る。そして悩みを打ち明ける。子供や夫婦、お金の問題など、本当にさまざまだ。
初めて会ったにもかかわらず、苦しい胸の内を話すということは、それだけふだんは立場や世間体に縛られて、弱音や本音を誰にもさらけ出せないいんだろう。それは苦しいだろうな。

俺が話を聞くのは、その人のためにやっているわけではないよ。そもそも悩みを最終的に解決するのは、俺ではなくその人自身。だから悩みごとの相談も「なんちゃって説法」もすべて自分のためにやっている。

「情けは人のためならず」と言うだろう。あれは本当だ。何事も自分のためにするのさ。そうしたら善いことをしたら倍になって返ってくる。悪いことをしたらそれもきっちり倍で返ってくる。たとえて言うならボールを壁に向かって投げたら手元に返ってくるけれど、そのとき必ず行きと戻りの倍の距離がかかっている。それと同じだ。

悪事の場合は半分というわけにはいかないんだ。自分のためにやるから、それだけの結果がきちんと自分に生じるわけさ。

つまり「善いことが起きますように」と、最初に他人からのアクションを期待してもそのとおりにはいかないということ。

誰かのためではなく、自分のために行なったときにだけリアクションがある。

考えてみれば、やまびこも自分がまず呼ばないと返ってこないだろう？

「自分のため」というとすごく自己中心的な生き方に聞こえるけれど、そうじゃない。たとえば俺が誰かを変えようと思ったところで無理な話だ。胸ぐらつかんで「変われ」と言ったところで絶対に変わりやしない。

唯一その人を変えられるのは、その人自身。その人が自分のために何か新しいことをはじめたとき、変化は訪れる。

だから情けは人のためではないよ。あくまで自分の人生のためだ。

何もないのが人間だ。
だが、それでいい。

「将来が不安です。どうしたらいいのでしょうか」

先行きの見えない世の中だから、こういう不安を抱えている人は多いね。

俺にすれば、先行きが見えないのは当たり前の話さ。なぜなら見えないのが未来だから。そうじゃなきゃ未来とは言わないだろう？　見えないんだから、いま現在をどう生きるかを見据えたほうがいいし、そこからひょっとしたら自分の進むべき道が見えてくるかもしれない。

ただ、いまどきの悩みの特徴は、「いまの自分は何をしているのか。何をしたいのか。そして何のために生きているのかがわからない」ところにある。だから余計に不安になるんだろうな。

毎日会社に行って仕事をしている。でも、この仕事が自分にとって「本当にやりたいことなのか」もわからない。漠然と「もしかしたら違うかもしれない」というもやもやした思いがわき起こる。はっきりしない状態で仕事をしても充実するわけがない。

結婚して、家を買って、子供を育てる。そういう人生上の選択を既にしながらも「私の人生、これでいいのかな」と思ったりする。

そういうふうになるのは、ひょっとしたら「いま幸せすぎるから不安になっているだけ」ではないか?

現代人はよく考える。なぜか**幸せの根拠や理由も考えてしまい、それが見当たらないから不安になる。**するとし「自分には何もない」と思って、恐れが生まれてしまう。

人間、「何もない」のが当たり前。もともと何にもない。手ぶらで生まれて死んでいくのが人間さ。どうもわざわざ不安になるように考えている人が多いんじゃないか。もともと何もないから心配しなくていいんだ。そう思えたら、少しずつでも不安は減っていくんじゃないか。

落ちきるまで
とことん落ちてみる。

人には執着する心がある。だから、どれほど「もうこんなに苦しい思いをするのは嫌だ。はやく救われたい」と思っていても、あんがいそれを手放せないものだ。

たとえば「職場の上司にいじめられているから会社に行くのがつらい」「暴力を振るう恋人と別れたい」という人がいた。いま苦しい状態にあるならば、それをやめればいいだけの話。解決策は、とてもシンプルなはずだ。

けれども「辞めたら先行きが心配だ」とか「ひとりになるのは不安だ」と、あれこれと理由をつけて決してやめようとしない。

つまり、誰かがあなたに無理に苦しむように命じたわけではなく、あなた自身でその苦しい状態を選んでいる。そのほうがある意味で楽なのさ。

なぜなら会社をやめる。恋人と別れる。そういう決断をすれば責任が発生するだろう？

でも、そうして決めた先に何が待ち構えているかはわからないわけさ。やっぱり未知は怖いもの。

それに比べたら、職場でハラスメントを受けるのも、恋人に殴られるのも苦しいかもしれないけれど、慣れっこになっている。だから安心できる。

ただ、そういった宙ぶらりんのままではいられないこともわかっている。だから悩むんだ。人間はややこしいよ。そういうときにできることはふたつだけ。それでも続けるかすっぱりやめるか、だ。

そういう宙ぶらりんを崖から落ちて、生えている木の枝につかまった状態にたとえるとしよう。谷底までの深さはわからない。枝にはつかまっているけれど、岩肌から離れているから登ることもできない。そのままではいずれ死ぬしかないことは確実だ。じゃあ、そのときどうするか?

手を離してみるしかないんだろうな。

悩みとは、あなたがつかんで離さない枝だ。

それを手放したところで、すぐに死ぬわけではない。むしろ自由落下できるくらいの「自由」はあるだろう。それにあんがい底はすぐ近くにあるかもしれない。もしも底まで落ちたらあとは自分の手と足で登っていくしかない。そうなるともう迷う必要はなくなるはずだ。

与えられたことを
ニコニコしながら懸命にやる。
すると、
やるべきことが見えてくる。

俺は「金持ちになりたい」とか「成功したい」と思ったことがないんだ。そんなことを想像する余裕がなかったからね。生きていくために与えられたことを懸命にやるしかなかったんだ。

だから自分の将来をいろいろと思い描ける余裕のある人は、過去に対しても「あのときこういうふうにしていたらよかったな」とか、あれこれ考えたりもするんだろう。

過去は変えられないし、未来もどうなるかわからない。明日死ぬかもしれないのに将来について思い悩む。人間というのは実に不思議な生き物さ。

後先をいろいろ考える人は、意外といまのことはおろそかにしているのではないかと思うよ。

いま何をすればいいのかわからない。そういう悩みを抱《かか》えている人はたくさんいるけれど、実際その人の悩みの出処《でどころ》は「あのときこうしていたら」とか「これからどうすればいいんだろう」といった、過去や未来のことだ。

そういう苦しみに対する特効薬はないよ。「とりあえず」という言葉はあまり使いたくないけれど、とりあえずいま与えられたことを一所懸命にニコニコしながらやってみる。

つまり**思いわずらうことなく、不満をもたずに生きてみる。**これしかないんじゃないか。

この「ニコニコ」が大事だよ。中途半端にやると必ず不満が出てくるから、ニコニコと楽しんでやってみるんだ。すると「あ、自分はこういうことが好きだったな」とか「あれ？　意外とこの仕事に向いているかもしれない」と、新しい発見があるものさ。そうしたら自然といまやるべきことが見えてくるはず。

見返す気持ちは未来へ向かう。
だが、仕返しは
過去から離れられない。

人からバカにされたり、軽く扱われたりした経験が誰しもあるだろう。やはりプライドがあるので、ムカッと来たり、落ち込んだりする。そんなとき「いまに見ていろ」と奮起することもあるだろう。それ自体は悪くはない。けれど、気をつけたいのは「いまに見ていろ」が「いまに見返してやる」なのか。それとも「いまに仕返してやる」なのかということだ。

見返そうと思ったら、実力をつけるための努力を人知れず始める。

そして一人前になったときは、バカにされたことも「そういえば嫌なことを言われたな」くらいの取るに足らない記憶になっていたりするものだ。自分を軽んじた人と違うステージにもう立っているので、過去のことがまったく気にならなくなっているものだ。

ところが仕返しする場合、いつまで経っても相手のことが気になって仕方ない。自分の努力も向上もすべて「相手が自分を認めること」にかかっているから、いつまで経っても過去から離れられない。

そして仕返しとは、相手への報復を果たすことだから、必ず相手を屈服させるまでやってしまう。すると、相手のプライドがズタズタに傷つくので、今度はその人が仕返しを誓う。やられたらやり返す。このサイクルから互いに出られなくなる。いわば互いに依存しあった関係だ。

人生をそんな無駄なことに費やすのはもったいないよ。相手ではなく、**過去の自分を見返せばいい。**そうすれば誰も憎まずに、しかも自分の能力を向上させることができるはずだ。

世間の目ではなく、
自分のために生きる。

法律には書かれていないけれど、世の中には常識や習慣、道徳にもとづいたルールやマナーがある。そういうものは、みんなが快適に暮らせるためにつくられたのだろう。それはそれで無視できないのは確かだ。けれども、人間よりもそれらが優位に立ってしまったら、どうにも息苦しい世の中になってしまう。

どちらかと言えば、いまの世の中はルールやマナーにがんじがらめで、人間が生き生きとしていないな。

「～してはいけない」とばかり言われ、あまりのびのびと暮らせなくなっている。世間の目を気にして自分の行動を制限しがちだ。

自分の人生は自分のものなのに、世間体のほうを気にしてしまう。自分の人生が他人事になってしまう。だけど

自分の人生は自分のもの。世間のものではないよ。

やりたいことなのにいちいち世間の顔色をうかがうのはおかしな話だ。「世間がそう言うから」という理由で考えることもせず、また世間の言うとおり自分の行動を決めてしまったら、柔軟な考えができなくなってしまう。臨機応変。何事もその場その

場で必要なことを考え、最適な行動をする。そのためには常に自分のために生きる姿勢が大事だよ。

今生《こんじょう》での
自分の役回りは人助け。
命はそのためにある。

俺は三十代の頃から、「四十歳になったら仕事をいっさいやめて坊さんになろう」と決めていた。実際、仕事をやめて修行できるところを探したけれど、「大学で勉強してから来なさい」とか「寺の跡継ぎでないと難しい」といった条件があって諦めた。

ただ、店で「なんちゃって説法」をしているのは、自分なりの勉強と体験を通じて言えることがあるだろうと思ってのことだ。

宗教に興味があったというよりも、今回の人生においての自分の役割はなんだろうと真剣に考えたとき、「せめて人助けのまねごとでもしておきたい」と思ったわけさ。まねごとだから立派なことは言えやしない。それに特別な力があるわけでもない。ただ自分の体験から思ったことを言うと、「救われた」という人がけっこういるんだ。それは不思議なことだけど、知識ではなく実体験から感じたことを言う。これが人の気持ちを開くのかもしれないな。

これまでいろんな人の相談を受けてきたよ。結局、俺にできることは話を聞いて、思っていることを率直に言うことだけだ。問題を解決するのはその人自身。だから人を救うことはできなくて、できるとしたらまねごとだけなんだと思うよ。まねごとでも、それをしたいと思ったら、そうできた。
いまのような店を構えるきっかけは肝機能障害だった。調子が悪くて病院に行ったら、医者に余命一年だと言われた。それなら好きなことをしようと思ったから始めた。主治医には「一年しかもたないです」と言われて「一年ももつんですね」と確認したうえで自分から退院を決めた。驚いた医者の制止も聞かず病院をあとにした。不思議なくらい死への恐怖がなかった。さっぱりした気持ちだった。それは「心残りがないように生きよう」「とにかく女房子供にお金を残さないといけない」と、やるべきことが明確だったからだろう。迷っている暇なんかなかったのさ。

俺には普通の客商売はどうもできない。でも三線は弾けるし、民謡は歌える。それしかないから、それで稼ごう。そう決めた。そして、どうせなら、いままで見てきた民謡とは違って、合間にしゃべりを入れた新しい店にしよう。そう思い、最初は普天《ふてん》間《ま》に小さな店を構えた。「一日一万円の利益があればいい」と始めた商売だった。それでどうにかなるだろうと思っていたら、「いままでこんな民謡を見たことない」とお客さんが毎日いっぱい来るようになった。営業は夕方六時から朝の六時まで。閉店

して那覇まで帰り、娘が学校へ行く準備をしてから寝る。そして夕方から仕事。死に物狂いで働いた。そうこうするうちに一年の命のはずが、気づいたらもう二十年経っている。今日もこうして元気に生きているわけだ。人間、やる気になれば死の病も突破できるものかもしれない。

でも、病を克服したという実感もなく、いつの間にか病気が治って生きてこられたのは、自分の命を「せめて人助けのまねごとでもしておきたい」という一点に注いだからかもしれない。

他人のために生きる

とき、自分のエネルギーがすべて投入される。

生きることはそれ自体が尊いかもしれないが、生きることを自分以外のために使うのはもっと尊いのかもしれない。

人を愛するのは、
簡単なことではない。
死ぬ気でなければ、
人を愛せない。

「結婚をしたいと思っています。でも収入が少ないのです。将来を約束できないから結婚をやめるべきでしょうか」という悩みを打ち明けた人がいた。

付き合っている人と「どういう人生を歩みたいか」「将来が見えない」といった、誰かと比べて感じてしまった不安のほうを優先してしまっている。それっておかしくないか？　そう思ったから「相手の女性とは遊びの付き合いなのか？」と尋ねたけれど、どうもそうではない。「それなりに真剣だ」という言葉を聞いて、俺はため息をついたよ。

人を愛するとは、そんな簡単なことではない。まして「幸せにしたい」と思うなら生半可な気持ちではいられないはずだ。それなのに、「収入が少ない」とか「将来がいま見えない」くらいでためらうなら、そもそも結婚なんかやめたほうがいい。お互いが不幸になるよ。

どう考えても不思議だ。「収入が少ない」なら増やす方法を考えて実行すればいいだけのことだ。それこそ新聞配達でも何でもいい。仕事をかけもちしてでも収入を増やせばいい。

「将来が見えない」のは当たり前だ。明日のことがわかる人がいたら教えてほしい。

だからいまがんばるしかない。それしかできない。
しゃかりきになってとにかく歩む。

歩みつづける。それが未来を選ぶことになる。

その結果がどう転ぶかは、誰にもわからないよ。

本当に愛しているのならば、結果がどうであれ、とにかく具体的な行動で示せるはずさ。それをやらずにしかも「かけもちで働いたら体力がもたない」と思うなら、結婚する前から幸せになるのを放棄しているとしか思えないね。

人と比べるということは、いま立っているところが「世間並ではない」と思っているから。それならなおのこと死に物狂いで生きないと幸せにはなれないよ。

生きている意味はない。
誰かのために生きて
はじめて意味がある。

人生に虚しさを覚えるとき、生きている意味があるのか？と自分に問うてみたくなる。とくにいまの人は考えることがいいことだと思っているから、意味のなさを恐れる。

本当に無意味だと思ってしまったのならどうするだろう。自ら死を選ぶか。それとも無気力に、死んだように生きていくか。

でも、そのふたつしかないと思えてしまうのは、生きることに意味を見出《みいだ》そうと考えてしまうからだ。

多くの人は意味を大事にするけれど、本当のところ意味があるか、ないかが人生を推し進めていく力になっているんだろうか。

おそらく人生に意味などない。意味があるから心臓は動き、太陽は昇るのか。では意味がなくなれば心臓は動かなくなり、太陽は明日からその姿を表さないのか。現実を見れば明らかなように、意味がなくても生きているし、明日もたぶんやってくるだろう。

生きている意味があるかどうかに悩んでしまったら、そのときはとにかく動いてみることだ。たとえば他人と関わってみる。いままで関心を持たなかった隣近所に話しかけてみるのでもいい。困っている人がいたら一声かけて助けてあげるのでもいい。何でもいいから具体的な働きかけをしてみる。そうしたらリアクションが必ず起きる。そのうち誰かのために役立つことができるかもしれない。**あなたの人生が徹底的に無意味なら他人のために活用すればいい**んだ。

そうすれば「自分の人生もそれほど悪くはないかもしれないな」と少しは思えるはずさ。

誰かのために役立つ。実はこれは人生の意味の追求ではなく、幸せの発見なのかもしれない。

誰かのために行動しているとき、自分が生きている意味について考えないはずさ。

けれども充実している。

そのとき幸福とは物質で満ち足りることではなく、ひたすら精一杯生きること。意味とは無関係なのだということに気づけるかもしれないな。

何もないと思ったのなら、
ハプニングを起こしてみる。

無我夢中で生きているときに悩みはないはずだ。なぜかといえば、悩んでいる暇がないから。脇目もふらずに生きているとき、車窓から見える風景のように物事は次々と流れていく。それに懸命に生きている人は、前だけを見ているからいちいち過ぎ去った光景を見たりしない。見ている暇もないよ。

それに比べて悩みがある人の特徴は動いていないことだ。足をとめてひとつの景色にじっと見入って、わざわざ意味を見出そうとしている。動けば風景は変わっていくのに、そうしない。動くのを忘れているからさ。

「深刻に考えるな」と俺がよく言うのは、**深刻さはまじめなように見えて、実は生きることにまじめではない**からだ。深刻な顔をして考えているとき、突然後ろから声をかけたりしたら、ものすごく驚くだろう。つまりひとつのことに集中しているように見えながら、実際は注意力が散漫になっている。生きていることに懸命ではないからこそ悩めるわけだ。

　悩んでどうにもならなくなったら、動いてみる。それでもダメならハプニングを起こしてみる。ふだんやらないような少々スリリングなことでもいい。たとえばバンジージャンプやスカイダイビングでもいい。「ひょっとしたら死ぬかもしれないな」と感じてしまうような、危険な場面だと警戒心が高まるよ。生きている実感が味わえる。

そのとき考えたところで正解はなく、ただ動いてみるしかないことに気づくはずだ。人間はそういうふうにできている。

いまをどう生きるかを
考えていくと、
生きること自体が
修行だと気づく。

俺は「我が道を行く」という生き方を選んできた。

選んだというより、そうならざるをえなかった。ともかく学歴や会社に頼るといった、社会が「こういうふうに生きたほうが安全ですよ」と認めるような生き方はしてこなかった。

当たり前の話だが、学歴や会社がなければ生きられないわけでもない。まして、いざというときに役立つ力は学歴や会社が保証してくれるわけでもない。

いざというときに役立つのは、

素手で生きていく力。

そう思うと生きること自体は自分なりの生きる術《すべ》を身につける修行のようなものじゃないかと思う。誰かと同じような生き方ではない、自分だけの生きる術。これを身につけるには厳しさに耐えなくてはならない。いまでも職人はそういう生き方をしているよ。

大阪で料理人をしている友人がいる。弟子は朝六時から店の掃除をして開店に備える。夜の十一時に閉店しても帰れるのは二時だ。弟子たちに休みはない。遊びにも行けない。給料は風呂代とタバコ代くらいのものだ。

条件だけ見たらいまの時代にはありえない労働環境だ。こんな働き方をしていては

「将来が見えない」と思うかもしれない。でも、職人の世界で要求されているのは、まだありもしない未来ではなく、「いま」だ。いまに没頭しない限り、一流の技が身につけられるはずもない。

そういう暮らしをしていると易《やす》きにつきたくなる。周囲を見渡すと「もっと楽に生きてもいいんじゃないか」と、楽な生き方のほうに誘うような情報に溢れている。日々自分との闘いだ。

それほど厳しい日々を十年耐えたら、友人は弟子には暖簾《のれん》分けを許し、店を構えさせる。出店には最低でも五千万はかかるから退職金と十年分の給与に相当するわけだ。

これは友人が弟子時代に自ら経験したことだ。それを継承している。だから弟子と同じく朝六時に起きて、日々腕を磨いている。

自分の技術ひとつで生きる。我が道を行くと聞くと、わがまま勝手に生きるようなイメージがあるけれど、非常にストイックな生き方さ。

日々の暮らしと修行とが分けられないような生

き方を平気でできて初めてすばらしい技とそれがもたらす喜びを味わえるんじゃないか。

それは職人に限った話ではなく、本当は誰でもやれることなんじゃないだろうか。

第二章　人というものについて

人前で賢いふりをするのは、
バカな人間。
賢い人間は、
バカなふりをしていたらいい。

大阪人は「ワシ、アホやから」とよく言う。そういう人にバカはあまりいない。バカなふりをしているだけで本当は賢いからね。

でも世間では、賢いふりをしている人のバカさ加減に気づけずに、「すごい」「偉い」とやたらと評価するときがある。おかしな話さ。おまけに本人もその気になって得意気だから始末におえない。そう思うと「ふり」に騙されている人がいちばんのバカだろうな。

人は誰かをバカにするとき、必ず相手をなめる。「どうせ自分よりも格下だろ」と軽く扱い、その人に注意を払わなくなって隙を見せてしまう。そんなふうに人をバカにする様子をおおっぴらにしているようなら、いつか背後から刺されるような目にあうさ。

バカのふりをしている人は、そういう人をジーっと見ている。「なるほど。こういうときは、こんな振る舞いをするのか」と、その人の表と裏をじっくりと観察している。

だから、バカのふりをすればいいのさ。そしたら人が、世間がよく見えてくる。ピンチのときに使える知恵が身につく。

賢さは「いざ」というときに出せばいい。

よく切れる刀といっしょだ。他人にアピールするためだけの賢さに意味はないし、そんなのは何の役にも立たない。

「いざ」といっても人それぞれさ。たとえば、お金がなくなったときに「あー、たいへんだ。どうしよう」と思う人もいれば、恋人と別れて、「たいへんだ、明日からどう生きたらいいんだ」と思う人もいるだろうし。人それぞれの「いざ」になったとき、ただ立ちすくんで悩んで動けなくなってしまうのか。それとも「よし!」とすぐに思い直して次の行動に移れるのか。それが賢いかどうかの分かれ目さ。

あなたの価値は金《きん》。

いまの世の中、親から絶対的に肯定されるような愛情を感じて育つ子供は少ないのかもしれないな。無条件で肯定される。この経験があるかないかは、自分を大切にできるかどうかを決める上ですごく大切なことだよ。

昔の俺はやんちゃで毎日ケンカに明け暮れていた。当然、仕返しも受けるわけだ。十七歳のとき、待ちぶせされて集団でボコボコにされたことがある。その日はあまりの悔しさに寝つけなかった。だから夜も更けた頃、そっと包丁を持ち出して仕返しに行こうとした。いまから思うとよほど頭に血がのぼっていたんだなと思うよ。

すると、帰宅したときから様子がおかしいと思っていたのだろう。母が玄関にいたんだ。俺の手にした包丁を見ると、「いまからヤギかブタでも殺しにいくのか」と言った。

「あいつらを許せない。待ちぶせしていたやつらに仕返しにいく」

俺がそう言うと母は「そうか。じゃ、ちょっと待っていろ」と言って、台所に行くと包丁をもう一本持ってきた。

そして「さあ、行こう。おまえは人を殺しにいくんだろう。おまえがそれくらい思いつめるほど苦しんでいるのなら、私もそいつらが憎い。だから私も殺す。ひとりよりはふたりがいいよ。さあ、行こう」

そんなふうに言われたら行けるはずもない。だから「ひとりで行くよ」と言った。

「そうか。それにしても殺すにはそれなりの訳があるんだろう。何でおまえは殴られたのか。ところでお腹減っていないか？　最後の食事をしながら話を聞くことにしよう」

そう言って母はご飯を炊き、おかずをつくりはじめた。それが母の戦略だとわかっていても、包丁を手にして「いっしょに行こう」と言われた時点で、実は勝負あっただ。

俺は言われるままに食べ、腹いっぱいになった。すると、何だかすべてがバカバカしくなってきた。そこで母に事情を説明した。話を聞いた母は呆れた様子で「おまえひとりで行ってこい。私は行かない」と言う。「行くな」ではなく「行け」という答えに意外に思っていたらこう続けた。

「いいか。おまえは金《きん》なんだよ。鉛みたいな人間とどうして命を替えるのか。くだらん人間はおまえがやらなくても、いつか誰かにやられる。許さない人間もいるはずだ。いまは許しておけ」

実際、三年後に俺を襲った連中はケンカがもとで殺された。

母は「私は子供を十人生んだ。そのうち人殺しで刑務所に入った子はいない。おまえを傷つけた値打ちのある人間なら私が先頭に立って殺しにいく」とまで言ったことがある。こういう愛情表現は、いまの世の中では理解されないかもしれない。けれど、俺はすごいと思う。絶対的な肯定だ。

父には一度も叩かれたことはないが母にはよく叱られ、叩かれた。それくらい手を焼かせた子供だった。母にとっては、どれだけ手のかかる子供でも金であり、宝だった。

怖い母だった。けれど「金だ」とまで言われたことは、俺の中ですごく強い言葉として残っている。そういう**無条件の肯定は、どこかで自分の人生を支える強さにつながっている**んじゃないかと思っているよ。

駆け引きは誠実に行なえ。

交渉術だとかコミュニケーション能力だとか、駆け引きが大事だと世間では言われている。一方で、「ただでさえ人付き合いが得意じゃないのに駆け引きなんてできない」、そう言う人もけっこういる。たぶん駆け引きにあまりいいイメージを持っていないせいもあるだろう。言葉巧みに相手を騙すことが駆け引きだと思っているんだろう。

思うに、駆け引きが効果を発揮するとしたら、それは**誠実さと胆力があるからこそだ。**これについては父の話を例にとってみることにするよ。

沖縄では牛同士を争わせる闘牛が行われている。昔はもっと盛んだったから、博労《ばくろう》を専門にしている人もけっこういた。そのうちのひとりに奥間《おくま》さんという人がいた。この人は沖縄でもとにかく暴れん坊で有名だった。沖縄は日本に復帰するまでは、警察の取り締まりも緩かったので、奥間さんは拳銃をもっていた。しかも二丁だ。暴れん坊のうえにいつも二丁拳銃をもっているものだから怖くて誰も文句を言えない。

その奥間さんが徳之島《とくのしま》で立派な牛を見つけた。奥間さんは「五千万はくだらない価値がある」と周囲に触れ回ったそうだ。

さて、その牛を沖縄に運ぶことになったのだが、なにせ相手が奥間さんだ。ちょっとでも牛を傷つけたらたいへんなことになる。拳銃をぶっ放すような大立ち回りになりかねない。だから誰もが尻込みして辞退した。そんなとき「それなら俺がやろう」と父が引き受けることになった。しかも、いまみたいな立派な貨物船ではなく、伝馬《てんま》船に載せての運搬だ。

何とか無事に沖縄に辿り着きはしたが、ここで問題が起きた。港まであと五百メートルというとき、潮が退《ひ》いてしまった。仕方がない。岸まで牛を泳がせようということになった。けれど、ここで致命的なミスを犯してしまった。慎重になりすぎて、鼻綱を切るという初歩的なことを忘れてしまったのだ。そのため牛は海中で綱が絡まり、溺れ死んでしまった。

そんなことも知らず奥間さんは自慢の牛がいつ来るかとじりじりしていた。約束の日から五日経っても来ない。父も事情を知らなかった。さすがに隠しきれないと、運搬に関わった人が「実は……」と打ち明けた。

いっさいを理解した父は何食わぬ顔で「あの牛はすごく立派だったらしいね」と奥

間さんに話を向けた。奥間さんは牛の見事さについて自慢しまくった。そこで父は、

「いくらなら売ってもいい？」

「あの牛は誰が来ても売らんぞ」

「どうしてもと言ったら？」

「一億なら」と奥間さんが言ったすぐあとに、父は「よし買った」と言った。驚いた奥間さんは「おい、一億だぞ？」

「うん、俺が買う」

「お前は見もしないで本当に買うのか」

「買う」

父は自宅にしまっていた一億を持ってこさせて事務所の机に積んだ。さしもの奥間さんも唖然としながらも「売りはするが、最後に牛を見せてくれ」と言う。

「もう俺の牛だが、どうしても見たいのか？」

「ああ、どうしても見たい」

そこで初めて「実は三日前に死んだ」と打ち明けた。

それを聞いて奥間さんは顔を真っ赤にして激怒した。

父は少しも慌てることなく、「おい、そんなに騒ぐなよ。もう俺の牛だぞ。それにわざとじゃないんだ。あんたの牛だと思って丁寧に扱いすぎて死なせてしまった。あんたが怒り狂うだろうからと、ミスした人は正直に言えなかったんだ」

そう説明する父の言葉に奥間さんの怒りも鎮《しず》まっていき、やがてがっくり肩を落とした。すると父は肩を叩いて、「悔やむ必要はないよ。この牛をつぶして、いっしょに食べよう」と言い、急きょ宴会をすることになった。

宴席で奥間さんはじっと父を見ていたかと思うと、「すまなかった」と頭を下げた。

「実はあの牛は、本当は五十万で買った。五十万だけもらうからあとは下げてほしい。あんたがどれくらいの器量があるか見たくてこういうことをしたんだ」

するとと父は「出したお金はいまさらひけない」と言い、「それならこの金を使い、みんなで飲みに行こう」と街に繰り出した。道行く人に次々と酒を振る舞ったそうだ。


荒くれ者の奥間さんだったが、その一件以来、父に「あんたに何かするやつがいたら、俺の名前を出せばいい」というくらいの間柄になったそうだ。

俺はこのエピソードが好きだ。駆け引きは掛け合いの間が大事だが、それは騙そうという魂胆ではやりきれない。交渉術のようなテクニックでは早晩メッキがはがれてしまう。やはり根っこに誠実さが必要だ。そして肚のすわりがないと信頼を得ることにはならないんだと思う。

友だちは利用するな。
活用してこそ友だちだ。

人脈という言葉には、どこかで自分が有利に立ち回れるような関係を築きたい、利用したい。そんな意味合いが込められているように感じる。そういうふうに利用するのもいいけれど、本当に友だちと呼べる相手であれば「利用」でなく、「活用」しあいたいものだ。

自分ができることを他人に提供する。それで金が発生するのが利用しあう関係だ。活用は、金をあいだに挟まずに、

互いにできることや能力を用いて直接やり取りをする。

こういう関係では義理が生じる。

「あいつのためにちょっと一肌ぬいでやるか」というような表現があるけれど、利用しあう関係では、そこまで本腰を入れたものは求められない。リスクを考えたら「ちょっと見返りが薄いな」と断ることもできる。そちらのほうがスマートだと思うよ。

それに比べて、活用はリスクをとって協力する。なぜかと聞かれたら、友だちとはそういうものだから、としか答えられないね。

目先の利益に注目しがちな世の中では、「リスクを背負ってまで人のためにやるな

んてバカじゃないの」と思う人もいるだろう。

でも、いつ何が起きるかわからない時代だ。もうどうにもならない。そんなふうに切羽詰まったと思ったときに手を差し伸べて救ってくれるのは、そういうバカな友人だよ。どれだけそういう友をつくれるかが人生を豊かにおもしろくしてくれるんじゃないかと思う。

人のアラだけ探していたら、
うまくいかない。
自分が相手の立場になってみる。
それが思いやりというもの。

思いやりというのは、相手を思いやることだ。けれども人の心なんて見えはしないのだから、相手が何を感じ、何を考え、何を望んでいるかなんて本当はわかるはずもない。だから相手のために「よかれ」と思ってしたことがかえって迷惑になってしまう。そんな経験は誰にもあるだろう。

もしも誰かを本当に思いやれるのだとしたら、それはまず自分を思いやることから始まるはずさ。つまり自分が相手の立場になったと思ってみることだよ。

「あの人は思いやりが足りない」と言うとき、実は自分のほうが他人をそれほど思いやっていないのではないだろうか。たんにアラ探しをしてしまうときは、自分の不満や不平を相手に見出してはいないだろうか。

そして、自分を思いやって相手を見たら「ああ、自分ならあんなことまではできない。あの人は思いやりのある人だな」とわかってくる。

俺の場合、そういうことを感じるのは女房に対してだ。決してのろけではなく本心から「ありがたいことだな。あんないい女性なのだから、本当だったら自分なんかといっしょにいるわけがない」と思っているよ。実際、いなくなったらたいへんなことになる。

だからというわけではないけれど、感謝の気持ちから朝は彼女が起きる前に洗濯したり、コーヒーを沸かしたりしているんだ。これも自分が幸せになりたいからさ。

思いやりはあくまで自分のため。

だからこそ相手のことを本当に思いやれる。そういう余裕が生まれると、人間関係は滑らかになるよ。

人間になりたての初心者は、
物欲に走ってしまう。

人が物欲に走ってしまうときは、**物事を真剣に考えていないときだ。**

自分の中身がおろそかで何もないから、そのすきまを埋めようとする。ちょうど腹があまりにも減りすぎて、何でも手当たり次第に食べ物を詰め込むようなものさ。

仏教では煩悩のひとつに「貪《むさぼ》り」があるけれど、貪欲とはお腹を満たすことよりも飢餓感に取り憑かれてしまって、本来の目的を忘れている様子を表しているんだと思う。

それにしても、どうして我を見失ってまで欲求を満たすことに走れるのだろうか。理由を尋ねても、本人だってよくわからないかもしれない。

人間は輪廻転生していると言われている。本当かどうかわからないよ。科学的に解明もできないだろうし、解明したからといって誰の得にもならない。

けれども「どうしてこの人とこのタイミングで会ったんだろう」というような奇跡

的なめぐり合わせを思うと「前世からの縁」としか言いようがないのは確かだ。

この輪廻転生という考えから見ると、人を押しのけて、とにかく自分の欲を満たそうと必死な人に対しては、「ああ、この人は人間になりたてだから分別がないのだな」と余裕をもって対応できるようになる。

また、自分がつい欲で目が眩《くら》んだときも、「何度生まれ変わったかわからないけれど、まだ修行が足りないんだな。がんばろう」と思える。いつまで経っても修行だなと思うよ。

夫婦は悪縁で結ばれるものだ。
良縁に変えるには
思いやり、絆、愛情が必要。

世間では、夫婦になるのは良縁のおかげだと思われている。けれども実は悪縁だからこそ出会ったのかもしれないと思うよ。

前世でふたりは憎しみ合ったり、殺し合ったりしていた。その問題を残したまま生まれ変わったものだから「おまえたちは今生《こんじょう》で仲直りして因縁を残さないようにしなさい」と、神様が取り計らってくれているんじゃないだろうか。

いわば、今生での夫婦は、もっともそりが合わない仇敵同士のつながり。だから、結婚生活は「どこまで互いが仲良くやれるのか」が試される期間さ。

「愛し合って結ばれたのに悪縁だなんて！」と思うかもしれないが、考えようによってはとってもいいことだ。

なぜなら「愛し合って結ばれた」のに、ほとんどの夫婦は時間が経つとともに愛は色あせ、相手のことを思いやれず、ぞんざいに扱いはじめる。憎しみ合うことだって珍しいことじゃない。

あんなに愛し合ったはずなのに、なぜそんなことになってしまうのか？　愛だと思っていたのは実はメッキで、それがはげたとき、初めてふたりの関係のつながりの本当のところが現れてきたからだろう。それがもしも憎しみだったとしたら？　それが今生の課題なのかもしれないな。つまり、「また今回もそれをやるのか?」と神様に試されているわけだ。

では、悪縁をどうすれば良縁に変えられるんだろうか。たぶん、できることはたったひとつだと思う。相手を思いやる気持ち、これしかない。そこから愛や絆が生まれるのだと思う。

優しいから思いやれるのではない。

思いやれるから優しくなれるんだ。

楽しいから笑うのか。笑うから楽しいのか。どちらが本当かわからないけれど、自分が笑えば楽しくなる。だったら自分から相手を思いやる。そうしたら優しくなれるんじゃないか。

憎しみや恨みから不和になった関係は、積極的に関わって少しでもよくしていこうとしない限り、平和にはなれない。そうした思いやりは歩み寄りや譲る気持ちにつながる。それが愛や絆になっていくんだと思うよ。

筋違いのことをすれば、
体は動かなくなる。
心の筋を違えるな。

先生や親は子供に対し、「自由とわがまま、ジコチューは違う」と説教するけれど、そういう大人だってそれらの違いをわかっているか怪しいものだ。あんがい自由を大事にしていても、それはあくまで自分にとっての自由であって、他人には礼儀知らずのわがままに映っていたりするものさ。とんでもない筋違いになっていることも多々あるんじゃないか。そうなると人間関係はとたんにぎくしゃくするよ。

俺には以前、弟子がいたのだけど、「馴れるほどに気をつけろ」と口が酸っぱくなるほど言っていた。俺は周囲から「ケン坊」や「ケン坊さん」と呼ばれている。見た目は怖いかもしれないが、あんがいニコニコと愛想がいいんだ。そういう様子を見ているから、弟子であっても親しみを覚えるのはいい。けれども、

親近感となあなあになることは違う。

たとえば、こういうことがあった。だんだんと緊張感がなくなってきたのか、俺の前でタバコをくわえてパンツ一丁のままの姿を平気で見せるようになった。

仮にも師弟関係にあるのなら、やはりきちんと服を着た姿を見せるべきだ。タバコ

を面前で吹かすようなことは失礼だ。

だが俺は「そういうことをするな」と口では言わないよ。子供じゃないからね。ただ「冷や飯を食わす」といった、具体的な態度で示した。それで相手がわからなければそれまでのことさ。

何も「師匠を敬え」と威張りたいわけではないんだ。互いに敬意を払わないと、教え、学ぶ関係にならないし、そういう筋を違えたことでは、互いに何も得るものはないよ。

心当たりがないのに人が離れていった。前までは来ていたお客さんが最近来なくなった。そういうときは、自分が筋違いのことをしていないか考えてみたほうがいいんじゃないか。筋違いがわかれば、正しい位置に戻す。そうしたらこれまで起きていたトラブルも減っていくよ。

人を騙せても
自分の心は騙せない。
ずる賢いことをしても
自分の心はわかっている。

どれほど上手《じょうず》に嘘をついて人を騙したとしても、どうしても騙せないのは自分自身だ。嘘は人にばれる前に、自分にばれているものさ。嘘をついて、ずる賢く立ち回れば短期的にはメリットはあっても結局のところ隠し通せるものではないよ。

嘘も方便と言うけれど嘘は嘘である限り、相手の心を傷つける。ただし作り話は別だ。これは相手を喜ばせるからね。

嘘をつくのは、やはり自分をよく見せたい。うまくやりたい思いがあるからだろう。どうしてそんなことをするかと言うと、自分が幸せになりたい。だから嘘をつくんだ。

でも嘘をついて得たものによっては決して幸せにはなれないよ。幸せになりたいと願いながら、それを邪魔しているのは「よく見せたい」「うまくやりたい」という欲望だと気づかないといけないいんじゃないか。

こういう欲望は相手を押しのけてまで目立ちたいというような「我」に根を張っているから、なかなか失くせるものではない。だから嘘をいっさい言わないというのは、人間に我がある限り、不可能かもしれない。人は自分の欲望の火種を消せない生き物だし、欲望の炎はあっという間に燃え広がってしまうから。

しかし、火種がいつも火事を引き起こすわけではなく、暖をとったり煮炊きをしたりと役立てることもできる。

我欲の炎を燃え広がらせることなく、自分の人生を幸せに感じられる方向に向かわせるにはどうしたらいいだろう。それには他人のために役立つことをする。そういうふうにエネルギーを使ってみるのはどうだろうか。

人の気持ちを暖かくさせるほうに我を使えば、人の笑顔が見られる。

そうしたら自分の心も満足いくし、我欲も落ち着いていくんじゃないか。自分の心の中にある良心は騙せない。だから我が穏やかになっていけば、騙す自分も騙される自分も薄れていく。ずる賢さからだんだんと離れていけるんじゃないか。

望んでも手に入らないものを
求めることが苦の始まり。

満足に食べ物が手に入らないときは、とにかく食べるものがあるだけでありがたい。どんなものだろうが、美味しく感じてしまう。ところが食べ物があるのが当たり前になると、「前に食べたほうが美味しかった」とか「もっと美味しいものが食べたい」だとか、欲が募ってくる。そして、ほしいものがいますぐ手に入らないと欲求不満になって、不機嫌になってしまう。そうなるとあまり和やかな気分で過ごせなくなる。

こういうことは食べ物に限らず、人間関係にもあてはまる。たとえば子供や部下、上司に変化を期待し、「もっとこうなってほしい」と望んだとしよう。「もしもそうなったら万事快適に進むのに」と思うから相手に理想を託してしまう。

自分の考えどおりに相手をコントロールしようとしても、そう都合よくはいかない。なぜなら他人と自分は違うからね。違うことが認められなくて、変化を期待するから苦しくなる。

自分と近い間柄になると、「どうにかしてがんばれば、変えられるのではないか」と思いがちだが、これは大きな勘違い。他人を変えることはできないし、変えようとしたら大きな苦しみが生まれる。変えることができるのは自分の思い、考えだけさ。

よくあることだけど、自分の子供のすることに、いちいち口を出してはやかましく言う親がいる。よかれと思ってやっているのに子供は反発して言うことを聞かない。家庭内でいさかいが耐えない。苦しい。どうしてこんな苦しいんだろう。どうして私の言うことを聞かないのだろう。そんなふうに悩んでいる親から相談を受けることがけっこうある。

親は「愛情があるからこそ子供の成長を期待しているのだ」と思っているかもしれない。実際は、子供の個性を無視した、親のエゴの押しつけでしかない。だから子供は反発する。子供だって苦しいはずだ。

子供を変えようとすることは、かえって子供の素質をダメにすることになりかねない。やっていることは、自分の考えを相手に押しつけているだけだ。それに気づけば、ともかく押しつけをやめてみることだな。そうすれば親子関係は変わってくるよ。少なくとも互いにとって苦しいことをやめたら楽になるじゃないか。

自分勝手な思いで他人をコントロールしようとする。これが苦の始まり。解決するためには、**「相手が悪い。相手が問題だ」という考**

えを捨てること。

そして、自分に余裕を与えること。そのうえで、いますぐでも始められるのは、ニコニコしておくことだ。

ニコニコを心がけると、いつもなら嫌だと思っていたことも、あんがい受け入れられるものさ。笑顔を忘れないでおけば、自分と違う考えの人を入れられるスペースを心の中に見つけられるはずだからね。

川上が清まらなければ、
川下は綺麗にならない。
子育ては親が実践するものだ。

反抗期を迎えた子供の扱いに困ったという相談を受けることがある。俺から見ると、そういう親は子供を突き放すことも抱きしめることもろくにしていない。

突き放すとは「冷たい態度をとる」ことではないよ。その子の意志に任せ、見守ることさ。抱きしめるとは、何にでも干渉して真綿で首を絞めるようなことをしでかすのでもない。それは子供の個性の否定でしかない。

親子の問題は本当ならば、誰かに相談することではないと思っている。正解があるわけではなく、結局は親と子が互いに目と目を合わせ、話し合うしかないからだ。そして、親の考えを押しつけるのではなく、何が問題なのかを子供に気づかせる。「これがおまえの問題だ」と指摘しても解決なんかしない。

我が身を振り返ってもそうだろう。夫や妻、上司が自分の言い分も聞かず、欠点や問題を指摘してきたら、「冗談じゃない」「そんなことはわかっている」と反発したくなるはずだ。

だから、子供が何をしたいのかを批判することなく聞いてみる。そのうえで、「じゃあ、やりたいことをするには、こういう問題があるのではないか」と順序を追って話をしていく。それが親の責任だし、親のやれることだ。

これまで親が子供の話をちゃんと聞いていなかったのなら、それをまず改めなくてはいけないな。子供を直そうと思うのは大間違いだ。まず自分が変わらないと話は始まらない。

俺は子供の話はいつだって素直に聞きたいと思っている。娘が小学生のとき、塞ぎ込むようになってあまり話をしなくなった時期があった。「何があったの？」と聞いても「ううん、何にもない」としか言わない。それまでにそういう態度はとったことは一度もなかった。そこで「何があったのか。本当のことを言ってほしい。おまえは親にとっては命だ。その生命であるおまえのつらい様子を見るのはつらい」。

そう率直に言ったら娘は自分がいじめられていると明かしてくれた。**子供の本当の気持ちを知りたいのなら、自分が本当に聞きたいのだと真摯な態度を示すほかない。**それが問題を解決する早道だ。子育ては、親が姿勢を改められるかどうかにかかっているんじゃないか。

夫婦で良好な関係を築くには、
女房の子分になることだ。

お客さんの中には、俺と女房の息の合った演奏を見て、「夫婦仲をうまくする秘訣は何ですか？」と尋ねる人がいる。ステージ上で、「ここでは俺がリーダーだけど、家に帰ったらおまえがリーダー」と言ってるんだが、あれは本当のことさ。家庭では俺は女房の子分。こういう関係をお勧めするよ。そのほうが家庭は絶対うまくいく。

二十一世紀になっているのに「家事は女の仕事だ」という人がいる。それはその人の考えだから、悪いとは言わないけれど、それでは結婚生活は長続きしないね。

家事は誰でもできるし、男も女もない。気づいたらやればいいだけの話さ。

家庭内では、「俺は夫だ」「俺は男だ」と肩肘はる必要がないので、俺は家族の前で弱音も吐くし、恥ずかしい姿も見せる。だからといって馴れなれしくするのでもない。あくまで親しき仲にも礼儀あり。

たとえ夫婦の間柄でも「そこはあまり言われたくない」ところはあるものさ。そういうときは「ちょっと待て、それは言わなくていいんじゃないの」とピシャリと言う。すると向こうも「ごめんなさい」と素直に謝る。互いにわだかまりが残らないのは、ふだんから自然体でいるように努めているからだろうな。

それにしても結婚生活を振り返ると、本当に女房や子供には甲斐性がないばかりに苦労をかけてきた。それを思うと「よく俺についてきてくれるな」と感謝の気持ちのほうが強いよ。基本的に頭が上がらない子分の立場。だからこそうまくいくのだと思う。

地球を舞台に
芝居をしてみる。
芝居がうまい人は
出演料も高い。

人付き合いが苦手な人に「どうしても人の顔色をうかがってしまう」と相談されたことがある。人の気持ちを察することは悪くないけれど、察することと他人に自分を合わせてしまうことは訳が違う。そこがどうもわからないみたいだ。

気持ちが合うのは問題ないけれど、合わせてしまうと必ず「本当はそうは思っていないけれど」という部分が残る。そういうのは心に溜まってどんどん重たくなる。するとストレスになって、たとえ肉体的にはそれほど仕事をしていなくても、気を遣いまくっているから一日が終わるとヘトヘトに疲れてしまう。

つまり自分に嘘をついて芝居をするから疲れるわけだ。

じゃあ芝居をやめればいいかというとそう簡単な話ではないから難しい。会社なら役職に応じた振る舞い、期待されている役柄があるだろう。家では夫として父としての役割があるわけさ。本当は泣きたかったり、怒ったりしたいけれど、グッとこらえてしまう。

「そういう性格をなんとかしたい」と思っても、性格を変えるのはたいへんだ。努力しようにもどこから直していいかわからない。だからといって「俺はこれでいい」と開き直ったら楽になるか？　やめておいたほうがいいよ。たんに孤立するだけになってしまうから。

そこで提案したい。性格を直すよりも演じる役を変えてみるというのはどうだろう。

どうせ役を演じるなら、疲れるような脇役で小芝居をするのではなく、この地球を舞台にした大芝居を演じる気持ちでやってみる。その演技がうまければ、大受けして出演料も高くなる。そう思ったら、演じることが苦ではなくなるかもしれない。いつも一世一代の大舞台だと思えば、気分も上向きになるんじゃないか。

どうしていまの自分は、
孤独にならないといけないのか。
その原因を
探してみることが大事。

店に来るお客さんの中には、寂しくて誰かとコミュニケーションをとりたいのだけれど、人と関わりをもつことがわずらわしい、苦痛そうな人を見かける。

孤独で人とのコミュニケーションを求めているのに、それを拒否するような態度だ。つじつまが合わないように見えるが、おそらく「自分のことをわかってほしい」という気持ちが強すぎて他人にバリアを張るのだろうな。

その人は「自分は孤独だ。誰からも理解されない」と思っているのだが、俺にすれば**自分で自分を孤独にさせている**としか見えない。なぜなら人のことをわかろうとせず、「どうしてわかってくれないんだろう」と思ったところで、そんな都合のいい関係は結べないからだ。

あまりにつらそうな人にはとりあえず一声はかけている。「あんまり根《こん》を詰めずに。疲れたら、何もかも捨ててぼーっとしてみたらいい」と。

いまの世の中、孤独感を募らせている人は多いよ。原因は人それぞれだろうが、孤独ではなく、孤独感に浸れるのは余裕があるからだろう。自分からアクションを起こさないのは、他人は自分のために便宜をはかってくれる、孤独を癒してくれると思っているからで、だからその状況にずっと浸っていたいのだろう。

子供の頃から言われたことしかやってこなかったから、自分が困った状況に陥ったとき、自分で何とか現状を変えるような工夫をしたり、取り組みをしたりすることができない。つまり自分で考えて現実を解決する試みをしたことがないんだ。だったら大人になったいまから始めたらいい。

「自分はわかってもらえない」と壁をつくり、膝を抱えているとしたら、それは自分の中の子供の部分だから、三歳児に話しかけるようにしてみたらいいのさ。そしたら、どうして話すのが苦手なのか。友だちをつくる努力をしなかったのはなぜか。だんだんわかってくるよ。また場合によっては実は大勢の中にいるのが苦手なのに、わざわざ苦手なことをして悩んでいただけかもしれない。それがわかるかもしれない。

何も明るく誰とでも話せることがいいとは限らない。孤独はまんざら悪いことでもないよ。ひとりでいるから心穏やかに生きられることもたくさんあるからね。

自分を磨かなければ、人を見抜く目は得られない。

「自分に合った男性をどう選んだらいいでしょうか」

そういう相談を受けたことがある。人の見抜き方を教えてほしいということだけど、これほど難しいものはないね。

たとえば昔だったら食事に行ったら男性が支払ったものさ。それが包容力や男らしさを見るうえでのひとつのものさしになったからだ。

いまは割り勘だとか「女性は半額でいいよ」だとか平気で言う。俺の世代には考えられないけれど、それが普通になっている。女性のほうもそれを歓迎している人もけっこういるよ。

昔の基準で言ったら、「そういう度量が小さい男はいっしょに生活したら細かいことばかり言うからやめておいたほうがいい」と言えたかもしれない。でも、いまはそうも言えない。つまり、ものさしが多様化したから、「これだ」という決め手が見つけにくい。人を見る際にどこから何を見たらいいかわかりにくくなっている。

ただし、昔よりもいいのは、外見や収入といった条件がその人のよさを保証しない。これが知られるようになったことだな。見てくれも愛想も、収入がよくてもDVや虐待を行なう。そういう話はざらにあるからね。条件に惑わされないためには、結局のところはその人のいろんな側面を見なくてはいけないし、ちゃんと見られるだけの自分にならないといけない。

自分を磨くという言い方は使い古されているけれども、やはりこれが重要だよ。世間の評価にしたがって、善し悪しをつけるのではなく、その人のもっている味を自分で見つけていく。これしかないと思う。

自分が成功したければ、
誰かにとって
役立つ人間になる。

俺は自分の店でも同業の人に名刺を配るよう勧めている。「相当自信があるんですね、客をとられますよ」と言う人もいるよ。よそにとられるならそれはそれでいい。短期的には損をするかもしれないけれど、長い目で見たら還ってくると思っているからね。

それはお金という形で還ってくるかもしれないし、人望だとか頼りがいとか無形のものかもしれない。

商売に限らず自分が成功したいと思えば、自分と取引のある相手を成功させないといけない。だから商売をやっている人にはここで名刺を配りなさいと言うのさ。

能力は人の役に立って初めて役立つ、それが利益を生むことにつながる。「自分はこんなこともあんなこともできます」と騒いでも仕方ない。

まず誰かにとって役に立って活用される人間にならないといけない。

役立つといっても世話を焼いたり、口を出したりするのではないよ。

具体的に誰かを支援できる人になる。

そういう力をもてることで

この世の中で自分の場所が確立できる。それがその人らしさ、その人の人生を築いていくんだよ。

第三章 気のもち方について

すべてのもとは〝気〟。
やる気が起きないときは、
まず体を動かしてみればいい。

どうもこの頃とくに気が弱っている人が増えているんじゃないかと感じる。だから「やる気や元気がない」「本気が出せない」と悩んでいる人がたくさんいるんだろうな。

〝気〟なんて言うと怪しげだと笑う人もいるかもしれないけれど、気は大切だ。バカにできないよ。以前、ＮＨＫで「やる気は体を動かすことで起きる」という番組を放送してるのを見た。

ようは体を動かせば気が動くということだ。昔の人が自然と気が入ったのは、仕事で体をたくさん動かしたからだろう。いまみたいに何でも機械がやってくれないのだから、体を動かすほかないわけだ。それに考える前に動かないと日が暮れてしまうよ。

ところがいまの人は行動する前に「こうすればいいはずだ」などと、まず頭で考えるんだ。そのうえ、「でも、うまくいかないかもしれないしな」と結論づけて、いつまで経っても体は動かさなかったりする。そんなふうに空回りしているから精神的に疲れる。当たり前の話だ。

たとえばお百姓さんは体が疲れることはあっても、そういう気落ちした疲れをする人はいないはずだ。

どうも最近やる気がわかない。そう思っているなら、背伸びでもランニングでもなんでもいい。**とにかく動いてみることだ。悩むのはそれからでも遅くない。**

車だって止まったままハンドルを切るのはたいへんだけど、動いていたら楽に回せるだろう。とにかく人間は動物なんだから、動かないとダメになるよ。

物事は深刻に考えるな、
真剣に考えろ。
真剣だと知恵が出る。
いい加減だと愚痴が出る。
中途半端だと言い訳ばかり。

深刻に考えて出した答えはろくなものにはならない。深刻になると必ず「ああ、どうしよう」と否定的な考えが浮かんでくるからだ。その行き着く先は自己否定、つまり自殺だ。

世の中に深刻なことは、ひとつもありやしない。

あるのはただの事実さ。何でもないことを重々しく考えるから深刻になるんだ。本人は「これはたいへんだ」とまじめに考えているつもりでも、それは迷っているだけにすぎない。

「家は買いたいが、この先ローンは払えるだろうか」

「子供をいい学校に入れたい。でも、優秀な学校に入ったからといって、いい人生が送れるかわからない時代だ」

そんなふうにさんざん悩んだところで出てくるのは、よい知恵でも解決策でもない。結局は「どうすればいいのだろう」という振り出しに戻るだけ。そんなの時間の無駄だ。

なぜそうなるのか？　それは真剣に考えていないからさ。真剣に考えようとすると

「どうすればいいんだろう?」というような消極的な姿勢はなくなるよ。

「よし、これを解決してやろう!」という意気込みで物事に当たると責任と決断が生まれる。だから「こうすれば何とか解決できるかもしれないぞ」というような知恵がどうしたって出てくる。

真剣に取り組まず、いい加減に考えていると「なんでこんなことをやらなきゃいけないんだろう。あいつのせいで俺がこんな目にあっているのに」とか「どうせ考えたところでうまくいきはしない。だってこれまでもいいことなんてなかったもの」といった愚痴が出てくる。

だから愚痴が出そうになったら、自分が「決断するんだ」という覚悟をもって、問題に向かっていない証拠だと疑ったほうがいい。

そして中途半端にしか考えていないと、その結果も中途半端にしかならないよ。自信をもって「これだ」と言えない態度で行なうから、結果に対し「いや、本当はこんなことになるはずではなかったのですが……」とか「実はこれには理由があってですね……」といった言い訳が必要になってくる。

あれこれ考える人が世間には多いけれど、ほとんどの場合、**愚痴と言い訳を言うために頭を使っている**ように見えるね。それは空回りできるだけの余裕とエネルギーがある証拠だ。暴走族と同じ。自分で何をしたらいいかわからないから無駄にエネルギーを使っているのさ。

深刻に考えたがるのは、そのほうが「考えているような気分」になれるからだ。そういう人が忘れているのは、あんがい「楽に楽しく生きる」ことだったりする。

楽に楽しく生きようとしたら、深刻さ、重々しさは必要ないことがわかってくる。力を抜いて自然体になれば、前向きに真剣に生きられるはずだよ。

何もしないこと、
無理をしないことが、
心のサーモスタットを
正常に戻す。

電気ポットやこたつのような電化製品にはサーモスタット（温度調節装置）がついている。これのおかげで熱くなりすぎると電気が切れる。だからサーモスタットが壊れると、どんどん熱は上がっていく。放っておいたら熱で製品が壊れてしまう。

心も同じだ。気持ちがしっかりしていると、少々落ち込んでも回復できる。「確かにミスはしたけれど、またやれば大丈夫だ」と自分を冷静に見ることができる。熱が上がりすぎて気持ちが溶け出すようなことはないよ。

けれども、過剰に責任を感じたり、どんどん気落ちしたりして「もうダメだ」とただでさえ状況が自分を追い詰めているのに、さらに自分で自分を攻撃しはじめたら、どこかの時点で心のサーモスタットが壊れてしまう。そうなると「もうダメだ」が「もう死にたい」になってしまう。

心のサーモスタットを修理する便利な道具は発明されていない。だから修理は本人がやるしかない。そのうえで大事なのは、やはり〝気〟だよ。

気分や気持ちが落ちていたら何もできない。それはよくわかる。だから無理にやる気を出す必要はないよ。心のサーモスタットが壊れているときに、無理をしてはオーバーヒートするだけだからね。

「何もしたくない」のであれば何もしなくていい。仕事に行きたくなければ行かなければいい。「仕事に行きたくないが、行かないといけない」というふうに考えてしまうのは、「行かないと暮らせない」「行かないと周囲に迷惑がかかる」と思うからだろう。

「行きたくない」のは、いまはこれ以上無理をしたくないからだ。その**心の声に素直に従わないと、上がりすぎた熱は下がることはない。**

自分のいまの気持ちを大事にする。それが自分の心の修理につながるはず。他人がどう思うかより、自分に素直になってみることがいちばんだよ。

がんばってもいないのに、
勝手に気落ちしている人が多い。

仕事や人間関係がうまくいかなくて気落ちして心のサーモスタットが壊れる。そういうことが起きるのは、実際に行動しているからだ。

けれども何も行動しないうちにあれこれと想像して、「やっぱりやっても無駄だ」「どうせ自分なんか」と都合のいい判断をして、気分を滅入らせている人の多さに驚くよ。都合がいいというのは、**自分が具体的なアクションを起こさないで済むような理由をいくつも見つけている**からだ。それで落ち込んで暗くなったところで誰のせいでもない。本人の問題だ。

俺はそういう人から相談を受けると「滝にでも打たれるといいよ」と言うことにしているよ。「どうして滝に打たれる必要があるの?」「それをしたら何が変わるの?」という反応がある。やっぱりやる前から結果を求めるのが、こういう気落ちをしている人の特徴さ。

「滝に打たれるのがいい」というのは、何も突き放しているわけじゃない。痛さや冷たさによって「ああ、自分は生きている」と強烈に感じる体験ができるからだ。

行動していないのに気落ちし、その状態から脱しようともしないのは、ぬるま湯に浸かっているようなものさ。だらだら入っているから風邪をひく。だから怠《だる》く感じてしまう。

「滝に打たれるのはちょっと……」と思う人はシャワーで冷水を浴びるのでもいい。思いきり冷たい水を浴びたら、シャキッとするよ。最初は冷たくても、あとで発汗するくらい体は温まる。すると、やる気が体からみなぎってくるのを感じるはずだ。

気持ちの問題を手っ取り早く解決するのは体を使うこと。そして冷水を浴びて、気がしっかりすれば、気分が落ちたときの、あの嫌な気分との落差がわかるから、「あういう状態はもう嫌だな」と思えるはず。そう感じたら、日々を前向きに暮らそうとやる気も自然とわくはずさ。

結果を出そうと思っているうちは、
結果は出ない。
努力が大事だと思ってがんばるな。
あまりに力を入れると、
疲れるだけだ。

人には持ち前の器量がある。生まれ持った才能がある。たとえば、何もしなくてもお金の入る人がいれば、一所懸命に働いても疲れるだけで稼げない人もいる。

だからといって器量や能力がありさえすれば、何でもうまくいくのかというと、それも違う。器量や能力を活かせない人もいるからだ。

素質を活かせる人とそれができない人。何がふたりを分けるのだろう。それは自分の向いていることに力を発揮できているかどうかだ。

生まれもった、その人にしかない才覚は誰にもある。だから自分に向いているかどうかを考えずに、ひたすらがんばるだけでは結果は出ないということだ。結果を出せないのは、能力がないのではない。向いていないことをやっているだけかもしれない。それならただ疲れるだけに終わるよ。

がんばって働いても稼げないのだとしたら、働き方が間違っているのかもしれない。向いていない仕事をしゃかりきにやっているのかもしれない。理由は人それぞれなので「これが答えだ」と言えるものはないだろう。だから、そういうときに頭の片隅に置いてほしいのは、「**疲れることはしない**」だ。

無理をすると疲れてしまう。無理をしているから結果がともなわない。そして余計に疲れる。こういう悪循環に陥っているなら、どこかで無駄な力が入っている証拠だ。

疲れやすい人は、不向きなことをやっているのかどうか。そのことについて真剣に考えてみる必要がある。

お金は使うもの。
お金に使われる人間には
ならないほうがいい。

金は大切だ。俺も金はほしい。だから宝くじを買うよ。「一等が出ました」という店で買うけれど、当たったためしはないね。

確かに金は大事。でも世の中、金ではないというのも知っている。あくまで幸せになるひとつの方法として「あったらいいな。ほしいな」と思っているだけ。

金は手段だというのを忘れると、人はたちまち迷ってしまう。すると金を使うのではなく金に使われるようになる。

金があればできることは確かに増える。自由度も高まる。でも金に使われると不自由になる。

たとえば、「あれもほしい。これもほしい。もっとほしい」と欲望がわけば、それだけ働かないといけない。すると自由な時間はなくなっていく。金は得られても納得のいく暮らしができないわけだ。そのストレスで物をたくさん買ったりするようになると、それは金を使っているんじゃなく、金に使われている状態だ。

金はチラシと同じ印刷物だ。大切だがしょせんは人間のつくったものさ。自分の人生を棒に振ったり、犠牲を払ったりしてまでたんなる印刷物を得ようとするのは、よく考えたらこっけいだ。

自分が何をしているときが幸せか。

それがはっきりとわかっている人は、必要なだけの金が入ってくる。だから金を使うことはあっても使われることはないよ。

嫌なことは我慢しない。
パッとやめて捨ててしまえばいい。

嫌なことを続けるのは、時間の無駄。人生の浪費だ。しかも嫌なことを続けたら鬱病になったりすることからわかるとおり、心身の健康も損ねてしまう。いいことはひとつもない。

そんなふうに我慢するエネルギーがあるなら、気の沿わないことをやめたり、いまやっていることを捨てたりするほうに使ったほうがいい。我慢はただ嫌なことに耐えるといった、何も生まないものにエネルギーを費やすだけだ。やめて捨てるほうは何か新しいものを作り出すことにエネルギーを使う。どちらが生産的で健康的かは一目瞭然だ。

それに仕事を嫌々している人がそばにいたら、周りのやる気にも影響してくるから、周囲の人のためにもさっさとやめたほうがいい。

それにしても、なぜ嫌な思いをしてまで現状を続けるのか。それは新しいことをするのが怖いからだろう。その未知に対する怖さを突き詰めていくと、出てくるのは「死」だ。

死ぬのが怖いからこれまでと違うことには挑戦しない。

無責任なことを言うようだけど、俺自身の経験から思うに、人間はそうそう簡単には死なないよ。しぶといし、あがくものだ。命よりも金のほうが大事みたいな人間が土壇場になると、必死で命のほうにとりすがる。そういう姿を俺は見てきた。人間、それだけ生きようとする力が強いのさ。

そこに欲の汚さを見る人もいるかもしれないが、俺はその力をちゃんと使ってあげればいいんだと思う。そのために大事なことは、まず深刻に考えない。真剣に考える。そしてできることをやってみる。

何かを決断するとき、状況は同じでも「さて、どうしたらいいだろう」と頭を抱《かか》える人もいれば、「さてどうするか」と腕まくりする人もいる。幸運の女神がどちらに微笑むかは考えるまでもないことさ。

我慢できない人間は何もできない。
それでも我慢できないなと思ったら
辛抱する。
我慢は自分のためにするもの。
辛抱は周りの人のためにするものだ。

我慢できない人間は何も実現できない。「嫌なことは我慢するな」と言っておきながら矛盾しているじゃないか。そう思う人もいるだろうな。

「嫌なこと」を我慢する必要がないのは本当だ。でも、それは我慢が悪いということでも「我慢してはいけない」のでもないよ。

自分の心や体の健康がダメになりかねないような我慢はしないほうがいい。むしろ、それは当たり前。でも、そのことと「面倒くさい」「うざい」といって安易に片付けてしまうのは別だ。じっくりと向き合うこともなく物事を簡単に嫌なことにしてしまったら、それはたんに逃げているだけだ。いつまで経っても何も身につかない。

たとえば子供の頃を思い返せばわかるだろう。自転車が乗れるようになるにも、ある程度の時間をかけなければならなかったはずだ。乗れるようになるまでに、ひっくり返ったりしながら懸命に取り組んだだろう？　何かができるようになるには、そういう時間の積み重ねが必要だよ。あまりおもしろいことではないかもしれない。でも我慢しないとどうにもならないことが人生にはあるからしょうがない。夢見心地で過ごすわけにはいかない厳しいところもやっぱりあるよ。

それに、ときには限界を超えて取り組まなければならないこともある。限界を越えるには我慢では太刀打ちできない。どうしてかと言えば、我慢は自分ひとりのためにやることだから。

もう我慢できない。そう思うときは、辛抱の出番だ。ぐっと堪《こら》える。これは自分のためじゃない。周りのためだ。誰かの笑顔のためにこの辛抱があると思えば、少々のことには耐えられるはずだ。

人間は自分ひとりよりも多くの人のために何かやるときのほうが大きな力を発揮できるものだよ。

人生を左右する貯金は
銀行よりも宇宙に預けるといい。

成功哲学の教えに「宇宙貯金」という考えがあるんだそうだ。どういうことかと言えば、普通の貯金だと目に見える金を銀行に預ける。金利もほんのわずかだがつく。でも、宇宙貯金は金を預けるのではない。金の代わりに目には見えない気持ちの貯金を心の中で行なう。

たとえば自分から素直に「ありがとう」と言えたときとか、何気ない人の優しさに触れて「幸せだ」と感じたときとか、

生きていくうえでポジティブな思いや行動をしたときに宇宙貯金の額は増えていく。

増えていくと、幸せや楽しさを感じられるほうに自然と歩みが進む。こういう気持ちは無尽蔵だから、貯金に励めば莫大な額になるというわけだ。

この話を聞いたとき、気持ちがすごく楽になった。目先のことにとらわれなくていいんだなと思ったからだ。

あくせくして暮らしていると、ついついその場で利益になりそうかどうかを基準に

考えてしまいがちだ。「この人と付き合ったほうが得だ」とか「この人によくしてやったら何かいいことがあるだろう」といった欲得で人を見てしまう。

するど期待どおりのことが起きなかったら人を恨んだり、呪ったりとネガティブな気持ちはどんどん高まっていく。さらに余裕がなくなると「どうして自分だけがこんな目に」だとか「何でうまくいかないんだろう」という思いがわいてきて、どうにも攻撃的になってしまう。

相手の欠点や悪いところばかり見つけるようになると、何を見ても「どうせ」とか「しょせんは」みたいな言葉を口にするようになって、あまり楽しい気分ではなくなる。

そんなネガティブで暗い雰囲気の人間に誰も魅力は感じないから、人も寄ってこなくなる。そうなると運の巡りも悪くなって、楽しく生きられない。

けれども、いま目の前の出来事に感謝したり、「この人に出会えてよかったな」と感じられたりしたら、まずギスギスした気持ちにならない。明るく楽しい雰囲気になれば人が自然と集まってくる。何だか楽しそうだから、そうなっていく。すると、この人に何か喜びを分けてあげたいなというような気持ちも自然と芽生え、幸せになるチャンスも増える。そうして宇宙貯金が貯まれば、自分のためにも誰かのためにもいざとなったとき使えるようになる。いいことずくめだ。

人間というのは、誰しも自分が見たいように世の中を見ている。暗く否定的に見るのも明るく肯定的に見るのも自分次第だ。そこに善い悪いはない。でも、どちらのほうが楽しく楽に生きられるだろうか？　答えは簡単だ。明るく肯定的なほうだろう。だから俺はせっせと宇宙に貯金しているよ。

言葉に「～のに」がついたら要注意。

「あの人にはあれだけのことをしてあげたのにどうしてわかってくれないんだろう」

「あのとき助けてあげたのに、自分には何もしてくれない。薄情なやつだ」

こんなふうに自分の思っていることや口に出した言葉に、「～のに」がついたら要注意だ。「～のに」が増えるほど恨みがましい気持ちは募るし、相手を責めたくなるからね。

たとえ面と向かって相手に対して不満をぶつけたとしても、「～のに」がついているると、ぜんぜんスカッとしない。なぜかというと、**相手に不満をもっているのではなく、自分の期待どおりになっていない現実に満足できてないからだ。**

俺も「前も注意したのに、この人はどうして何度も同じ失敗を繰り返すのだろう」と、つい「～のに」を使ってしまうことがある。そう言った直後に「またやってしまったな」と思う。

でも、俺も悟っていない人間だからしょうがないさ。少しずつでも改めていこうと思っているよ。
だから相手を責めるのではなく、「自分はまだまだだな」と省《かえり》みるようにしている。

相性の合わない人、
疲れる人とは、
無理して付き合わないほうがいい。

あらゆる商売はお客さんあってのことなので、自分本位ではなく、お客さんに喜んでもらうサービスをしなくてはいけない。

そうは言っても、やっぱり人間だからどうしても合う合わないはあるものだ。毎日、お客さんを迎えていると見た瞬間に相性がわかるようになってきたよ。

合う合わないは、善し悪しではない。人間、どうも相性があるようだ。こればかりは仕方ない。これも夫婦の縁のような前世の因縁があるのかもしれないよ。

職場でもどうしても苦手な人はいるだろう。避けて通れたらいいが、人との出会いばかりは選べない。

学校で「友だちと仲良くしましょう」と言われつづけてきたせいか、大人になっても人間関係をやり繰りしないといけないし、内心「苦手だな」と思っている人でも調子を合わせないといけない。そう思っている人はたくさんいる。

苦手な人がいるだけでストレスなのに、それを隠して表面的な付き合いをするものだから、さらにストレスは溜まっていく。疲れるから仕事どころではない。

苦手な人は苦手だと言っていい。

別に相手に面と向かって

言わなくてもいいよ。「自分はこの人は苦手だ」とちゃんとわかっておけばいい。そうしたら、「何であんなことをやるんだろう」「どうしてあんな無神経なことを言うんだろう」といちいち引っかからなくてよくなる。

つまり苦手だと思えば、それ以上、関わらなくていいから心理的に相手にしなくなるんだ。出会いは選べないけれど、どういう態度をとるかは自分で選べる。それを忘れないことさ。

ストレスに耐えるのではなく、
それを分解する特効薬を見つける。

仕事がたいへん。子育てがたいへんとか、世の中には「たいへん」な出来事が多い。しかも、ネガティブなことのほうが人の同意を得られやすいから、寄ると触ると「あいつが悪い。こいつが悪い」と文句ばかりを言い合う。そして、あんがいそれが楽しかったりする。

でも、誰かを非難したり、悪口を言ったりしたところで何かが変わるわけではない。むしろ、何もしないでおしゃべりしているだけだから、余計にストレスの溜まる社会の維持に協力しているのかもしれないな。

確かに「生きていくのはなかなかたいへんだ」と思うよ。でも、「たいへん」ばかりに目がいってしまっては、出てくるのはため息ばかりさ。そうなると世の中だけでなく自分のことまで破壊的に考えてしまう。

おもしろいことに

人は破壊的な考えのほうにひかれる

んだ。魅力的にすら感じてしまう。そのほうが頭に血がのぼって興奮してくるので、何かをしている気になってしまうもの。でも実際は何も生み出していない。ストレスを感じる状況はそのままさ。

俺はストレスを与える出来事に愚痴を言うのでも、たんに耐えるのでもない自分なりの特効薬を編み出した。それは何かと言ったら、**ものごとを「建設的に考える」**ことだよ。言ってしまえば簡単なこと。拍子抜けしたかもしれないな。

かりに「もう少しお金が儲かるといいな」と思うとしよう。けれども、思ったからといって、すぐにはそうならないのが現実だ。そこで「どうすればいいんだろう」「どうせ無理だろうな」と悩んだりする。それが多くの人がやってしまうことだ。そうやって悩んでしまうことで、実はいろんなチャンスを見逃してしまう。

たとえば、俺の店にはいろんな人が来る。ということは、いろんな才能をもっている人と出会えるチャンスに恵まれているということだ。

実際、まだ世間で知られていないけれど、いい絵を描く若者と知り合えた。俺は彼の才能を世の中に知らしめたい。そうしたら彼も伸びるし、俺も伸びるんじゃないかと思っている。それは未来への投資とか、いずれ有名になるアーティストの先物買いでもなくて、現にいまある才能に光を当てたいだけだ。それが楽しくなったり、いろんなアイデアを考えたりして自分の暮らしの励みになったとしたら、すごく建設的なことじゃないか。何も破壊せず、ネガティブに考えず、明るく生きられる。ストレスに耐えつづけることよりはるかに楽しいよ。

繊細な気配りと大胆な発想がないと
人の上に立てない。
気づかないことを気づくように
習慣づける。

幼い頃はいじめられていたのに、叔父から空手を学んだおかげで急激に強くなった。それ以来、連戦連勝だった。

叔父にはたんなる技術にとどまらず、目の配り、気の配りについてもよく教わった。たとえばケンカが屋内なら、椅子や机の並び、どこに誰が座っているかなど空間を把握しておく必要があることを学んだものさ。

いまはもうケンカはしないよ。けれどもかつての経験がずいぶん役立っているなと感じることは多い。仕事でもプライベートでも他人が助けてくれない状況に陥って、自分で切り抜けるしかないときに、過去の学びが活かされていると感じる。そういうときに大事なのは、

繊細に物事を見て、やるべきときは断固としてやるという大胆さだからね。

たとえば、職場でもこういう人がいるだろう。言う前に動く人、言われてから動く人、言われても動かない人、言われたら反発する人、最初から聞く気がない人。

会社勤めをしていたら、明日も今日と同じように電車に揺られて出勤すると考えてしまう。でも本当は明日がどうなるかなどわかりはしない。一寸先は闇だから、明日

には倒産の危機を迎えるかもしれない。いつ「いざ」というときがやってくるかわからない。

「いざ」というときに、言われてから動く人、言われても動かない人、言われたら反発する人、最初から聞く気がない人はまるで使い物にならない。

変化を察知する繊細さと自分の感じたことを実行できる勇気。これがないと危機には対応できない。ピンチにあたって自分の能力を充分に発揮したいのなら、ふだんから人が気づかないところに目を届かせるような繊細さを磨いておくこと。それを習慣づけていくと、危機になったら自ずと体が反応するようになるよ。見えるものだけ見ていたらわからない。見えないところを見る。これが大事だよ。

俺の話を聞いて、
救われたという人がいる。
そういう人に
自分が救われている。

自分の性格には嫌なところがあるとわかっている。だから、できるだけそれを直すようにしている。でも根本的に変えることは難しい。そのため少しでも高い出演料が取れるような芝居をしてきたつもりだ。

すると、だんだんと役になりきれるようになり、もとの自分には戻れなくなった感じがしてきた。みんながイメージしている俺がいる。みんなが好きでいてくれる俺がいる。その芝居をするのはしんどくはない。元の嫌だった自分から、「人にいいことをしたら気持ちいいし、そういう自分でいたい」という自分になれるようになってきた。それは店に集ってくれた人たちのおかげだ。悩みを聞いてほしい。苦しい気持ちを解放してほしい。そういう人によっていちばん救われているのが俺かもしれないな。そう思う。

店にはいろんな問題、葛藤、苦しみを抱えている人が来るから、いいことだけが起こるとは限らない。俺にもその気分が移って調子が悪くなったり、疲れたりするときもある。人を選べないのだから、これぱかりは仕方がない。

けれども、それもまた自分を成長させてくれる糧《かて》になっている。

何事も心

がけ次第というのは嘘ではないよ。

薬にするか毒にするか。これも自分次第だ。だから悪縁を良縁に変えていけば、自分がそれだけ救われるのかなと思っている。

自分で自分の値打ちをつけない。
いつも開かれた態度で
のぞみたい。

俺の三線の師匠は亡くなられた登川誠仁先生だった。先生は天才だった。先生の弟子はたくさんいるだろうけれど、誰も先生のような弾き方はできやしない。唯一無二の人だった。

俺は先生の弟子だったし登川流の師範免許は持っている。けれども、いわゆる師弟関係だったかというとそうでもない。俺は先生を父みたいに慕っていた。先生も「おまえは友だちだ」と言っていた。だから、「先生、ここは違うんじゃないですか」とわりと平気で言えた。そういう間柄だった。

あるとき先生が「おまえはすごいな」と言うので、「皮肉ですか?」と尋ねたら、「いや、そうじゃない。俺にはできないことがおまえにはできる」と誉めてくれた。

それは演奏のテクニックのことじゃない。先生は自分がおもしろいと感じる唄しか弾かないし、弾けない。でも、俺は『涙《なだ》そうそう』でも『島人《しまんちゅ》ぬ宝』でも演奏できる。求められたら弾くことができる。ただ、求められた曲をただ弾くのではなく、登川先生から教えていただいた心を表したいなとは思っている。それは大事にしたい。

だから、俺は登川流から独立し、いまは「登川風安里流」を名乗っている。先生を尊敬するからこそ、俺ができるのは類似品の登川風でしかない。いまでも毎日のように稽古し、自分流を登川先生のレベルに近づけるよう努力しているよ。

登川先生をはじめ嘉手苅林昌《かでかるりんしょう》先生もそうだけれど、天才・名人と呼ばれる人たちはみんな職人気質だった。俺のように生活のために演奏しているのではなく、本当に芸が好きで没頭していた。だから世間の評価をまったく気にしなかったよ。

そういう意味で感銘を受けたのは、沖縄芝居の大御所、大宜見小太郎《おおぎみこたろう》先生だ。たとえて言うなら、北島三郎《きたじまさぶろう》さんみたいな超大物さ。

あるとき大宜見小太郎先生のもとに公民館での芝居の依頼が来た。大物だったら普通は受けないし、それどころか「バカにするなよ」くらいは言うかもしれない。でも大宜見先生は喜んでいくんだ。

ある人が「先生にもプライドがおありでしょう。そういうところでは、やらないほうがいいんじゃないですか?」と言ったら、真顔で「どうして?」と不思議そうに返したそうだ。先生はふだんから「役者は頼まれたら場所を選んだらダメ」とも言っていた。

自分で自分の値打ちを決めてしまわない。

つでも開かれた態度だった。

それを聞いて感激したので、俺も真似をすることにした。余興をちゃんとお願いされる限りはどこでも演奏している。人の家でも演奏するよ。

「村芝居のドサ回りじゃあるまいし」と思う人もいるだろう。でも、多くの人に感動を与えて泣いたり笑ったりさせてきたのは、そういう役者だよ。国立劇場で感動を与える芝居は、大舞台で見るから「すごい」と思わされているだけで、大衆演劇が魅せるドラマに比べたらちっぽけじゃないか。

自分で値打ちをつけたら、「ここではやれない」といった言い訳が必要になってくる。「自分は人間国宝だから、ここではできない」というのは、もちろん人間国宝になったことがないからわからないけれど、あえて言えば、どこでもできないと意味がないんじゃないか。どこでもいつでもやれる。それが芸能の本来の姿だろう。真剣だからこそいつでもオープンな態度でいられる。俺もそうでありたいと思っているよ。

妬むだけの人と
そうではない人の違いは、
意志と気構えだ。

「早くに両親と死別したため、恵まれた家庭を羨《うらや》んで妬《ねた》んでしまう。その気持ちを抑えきれない」という悩みを打ち明けた人がいた。

そういう悩みを聞くと、いつも不思議に思うよ。なぜなら羨ましいと思うなら、自分もそういう家庭をつくればいいのに、何の取り組みもせず、それでいて人を怨むところにエネルギーを注いでいるからさ。そんな無駄なことをしていてよく退屈に感じないなと思う。

これまでにも「深刻に考えるから悩むのだ」と言ってきたけれど、実は**悩んでいる人は考えているふりをしているだけだ。**冷静に考えればわかるはず。人を怨んだところで望むものは手に入らないし、妬んでももっと苦しむだけだということが。

それがわかっていて、わざわざ苦しむ方向にしかエネルギーを注げないのは、妬む人は実は望みをかなえたいとは思っていないからだろうな。

「どうして私はこんな目にあわなくてはいけないのか」という自分を憐れむことに全

精力を使いたい。だから前向きに考えず、状況を変えようと行動しないんだ。当然、状況は何ひとつ変わらない。本人が変わることを望んでいないからしょうがない。

俺の身近に三歳から児童養護施設に預けられた若者がいる。高校入学時に戸籍がないことがわかり、進学もできず、以来、路上で絵を描き暮らしてきた。彼は絵を描く技術を磨いたから生きてこられた。生きようとする意志があったから行動できた。

変化できずとどまる人と彼とはどこに違いがあるのか。同じ人間だから資質にそう大きな違いはない。ただ、ここにとどまっていてはどうにもならない。だから動く。その意志、気構えがあるかどうかが大きな違いだった。それがその人の才能を引っ張りだし、能力の開花につながっていった。やるぞという意志と気構え。これがやっぱり大事なんだと思う。

上を見ても下を見ても
仕方ない。
身の丈を理解するところからはじめる。

自分の悩みに取り憑かれているとき、世界でもっとも自分が不幸に思えてくる。「誰よりも不幸だ」と思うとき、あんがい誰かと比べて不幸を競っているところがあるだろう。不幸ですら競争してしまう。それは人間の業《ごう》なのかもしれないな。業の深さを知ったのなら、そんなものは見たくないと蓋をしたくなる。でも、蓋をしたところで消えるわけはないので、結局は業をとおして自分の姿を見てみるしかないよ。

人と比べてしまう気持ちを完全に消し去ることは難しい。だからといって「どうせ無理なんだ」と開き直るのは簡単だ。開き直りは一見すると、執着を捨てたように見えるけれど、そうではない。「どうせ」といういままでどおりの生き方を決して手放していないからね。

仏教では捨てることが説かれている。でも、いきなりすべてを捨てられはしない。だから業の深さも「自分にはそういうところがある」とちゃんとわかっておくところから始めるしかない。そして「自分が不幸だ」と思うならば、それも否定しない。そして、上を見ても下を見ても仕方ないと理解する。

そうすれば、いまの自分の身の丈や置かれている場を見るしかなくなってくる。なぜいま自分はこういう状況にいるのか。その原因は何だろうか。一歩ずつ突きとめようと考え、行動してみる。そのために自分を奮い立たせてみる必要がある。「どうせ何をしても変わらない」や「自分は不幸だ」という気持ちが生じると、自分を落ち込ませようとする力が発生する。でも、それは幻覚のようなものだ。実際は、**螺旋階段を昇るように少しずつ上がっていっている**こともあるのだから。

そうして歩んでいけば、いまの自分が置かれている立場もわかってくる。世の中まだまだ捨てたもんじゃないと気づけるはずだ。そういう取り組みが自分の執着を捨てていくことにもなるのではないかと俺は思うんだ。

落ち込んだときにこそ外に出る。
そうして当たり前の
かけがえのなさを知る。

落ち込んだときは、自分ひとりでいたくなる。俺もそんなときは誰にも会わず、部屋でひとりきりになりたいと思うよ。でも、そういうときこそ外に出るようにしている。そして、目を開いて周りをしっかり見るようにしている。すると「ああ、みんな懸命に生きているんだな」とわかってきて、「落ち込んでいる場合じゃないぞ」と気を取り直すことができる。ふだんはとくに周囲の人たちが懸命に生きているとは感じないけれど、落ち込んでいるときはそう見えはじめる。

落ち込んでひとりになりたいときは、だいたい自分を憐れんでいる。

だけど周囲の人は自分をかわいそうがらずに生きている。他人のことなんかおかまいなしに、自分のことに没頭している姿に見える。だから、「落ち込んでいる場合じゃない」と元気をもらえるんだ。

そして、落ち込んでいると当たり前のありがたさも発見できる。たとえば部屋でひとりきりになれるのも雨がしのげる屋根があり、冷暖房もあるからだ。そうして生きていられる環境に自分があることのありがたさ。おまけにいろいろと心配してくれる家族までいる。既に自分がもっているものに気づくと、なんて自

分は幸せなんだろうとわかってくるよ。新しいものを望まなくても充分だと気づくと
き、日々を生きる元気がわいてくる。

著者略歴｜**安里賢次**（あさと・けんじ）

昭和 28 年那覇市生まれ。15 歳のとき琉球民謡に心を奪われ登川誠仁氏に師事する。中学卒業後ダンプの運転手、タクシードライバーなどさまざまな職業に就くが、酒癖が悪く喧嘩三昧の日々を送る。やがてアウトローの道に。平成7年「泰山石巖當（たいざんいしがんとう）」という曲でデビュー。平成8年、太鼓ライブの店「まさかやぁー」をオープン。太鼓、三弦、ボーカルはもちろんのこと、軽妙な説法が人を惹きつけ、口コミであらゆる業界から人が集まるようになる。ラジオ出演のほか学校での講演活動も行なっている。

人生《じんせい》には「まさか」の坂《さか》がある

著　　者｜安里賢次《あさとけんじ》

発 行 所｜株式会社 二見書房
東京都千代田区三崎町2-18-11
電話　03(3515)2311 [営業]
　　　03(3515)2313 [編集]
振替　00170-4-2639

印刷・製本｜株式会社 堀内印刷所

落丁・乱丁はお取り替えいたします。定価は、カバーに表示してあります。

ISBN：978-4-576-14165-7
http://www.futami.co.jp/

二見書房の既刊本

初代漢字王・やくみつるからの挑戦状！

解りそうで解らない 間違いやすい漢字問題

大人の漢字力検定委員会 編／やくみつる 監修

誤読で恥をかかない漢字トレーニング！ 脳トレに最適な漢字パズルも満載！ シリーズ累計173万部突破の大ベストセラー、『読めそうで読めない間違いやすい漢字』続篇。

この坂、崖、川はいつから「ここ」にあるのか？

古地図で読み解く 江戸東京地形の謎

芳賀ひらく 著

寛永、明暦、安政、明治、大正、そして昭和……各時代の地図から浮かび上がる江戸―東京の真の貌。古地図界の第一人者による、詳細かつ鮮やかな歴史／地形透視図。

人生はこれからが本番よ！

人生後半を楽しむシンプル生活のススメ

松原惇子 著

65歳でマンショントラブル！ どうする？ どう生きる？ 部屋の広さは1／2、モノは1／3に減らした著者が贈る、暮らしを小さくしながら、工夫して前向きに生きる秘訣。